Anonymus

Voigtländer's Pfalzführer

Wegweiser für die Besucher der bayrischen Pfalz und der Städte Mannheim, Heidelberg, Carlsruhe, Weissenburg, Worms, Mainz, Saarbrücken, Kreuznach und Bingen

Anonymus
Voigtländer's Pfalzführer
Wegweiser für die Besucher der bayrischen Pfalz und der Städte Mannheim, Heidelberg, Carlsruhe, Weissenburg, Worms, Mainz, Saarbrücken, Kreuznach und Bingen

ISBN/EAN: 9783743346864

Hergestellt in Europa, USA, Kanada, Australien, Japan

Cover: Foto ©ninafisch / pixelio.de

Manufactured and distributed by brebook publishing software (www.brebook.com)

Anonymus

Voigtländer's Pfalzführer

VOIGTLÄNDER'S PFALZFÜHRER.

WEGWEISER

FÜR DIE

BESUCHER DER BAYRISCHEN PFALZ

UND DER STÄDTE

MANNHEIM, HEIDELBERG, CARLSRUHE, WEISSENBURG, WORMS, MAINZ, SAARBRÜCKEN, KREUZNACH UND BINGEN.

MIT DREI ÜBERSICHTSKARTEN.

KREUZNACH und LEIPZIG.
VERLAG VON R. VOIGTLÄNDER.
1873.

Vorwort.

Unter die schönsten Gegenden des deutschen Vaterlandes gehört die Pfalz. Reich an Naturschönheiten, hoch interessant durch ihre Geschichte, hochbedeutsam durch Handel, Industrie und Bodencultur, ist die Pfalz in vollem Maasse geeignet, den Fuss des Touristen in ihr Gebiet zu lenken, dessen Besuch durch ein dichtgeflochtenes Eisenbahnnetz ungemein erleichtert wird. Wir versuchen, in nachstehenden Bogen eine Schilderung der Pfalz in ihren interessantesten Stellen zu geben; wenn wir auch die der bayerischen Pfalz nächst gelegenen grösseren Städte, die gewissermassen Ausgangspunkte der pfälzischen Bahnlinien bilden, als Mainz, Mannheim, Heidelberg, Carlsruhe, Weissenburg, Saarbrücken, Kreuznach und Bingen mit in den Bereich unserer Schilderungen zogen, so glauben wir durch diese Abrundung in der Schilderung des pfälzischen Reisegebiets den Wünschen des Touristen entgegenzukommen. Eine nach den neuesten und besten Materialien bearbeitete Eisenbahnkarte, wie zwei Uebersichtskarten des Gebirgslandes zwischen Dürkheim und Dahn dürften dem Touristen eine willkommene Beigabe sein.

Wir wünschen, dass der vorliegende „Pfalzführer" Manchem Anlass biete, diesem so vielfach bevorzugten Lande seine Schritte zuzuwenden, und zweifeln nicht, dass der Besucher desselben dann freudig in den Ruf einstimmt:

„Fröhlich Pfalz! Gott erhalt's!

Inhaltsverzeichniss.

	Seite
Inhaltsverzeichniss	V
Vorwort	III
Verzeichniss der Karten	VII
Erklärungen	VII
Die Pfalz. Geschichtliches. Geographisches. Geognostisches	1
Das Reisen. Die Eisenbahnen	5
Ludwigshafen	7
Mannheim	9
Heidelberg	11
Von Ludwigshafen nach Speyer	16
Speyer	16
Von Speyer nach Germersheim und Landau	21
Von Ludwigshafen nach Worms	21
Worms	25
Worms-Darmstadt	22
Worms-Bensheim	25
Worms-Alzey-Bingen	25
Von Worms nach Mainz	26
Mainz	26
Von Ludwigshafen nach Neustadt	31
Neustadt a. d. Haardt	31
Fusstour von Neustadt nach der Maxburg und Ludwigshöhe	32
Von Ludwigshafen nach Saarbrücken	34

	Seite
Seitenpartie in das Elmsteiner Thal	35
Von Lambrecht nach Kaiserslautern	36
Kaiserslautern	37
Von Kaiserslautern nach Neunkirchen	38
Von Landstuhl nach Kusel	39
Von Homburg nach Zweibrücken u. St. Ingbert	40
Von Homburg nach Neunkirchen	41
Von Neunkirchen nach Saarbrücken	41
St. Johann-Saarbrücken	41
Das Alsenzthal. Von Hochspeyer n. Münster	43
Der Donnersberg	45
Münster am Stein	50
Seitenpartie in das Glanthal	52
Von Münster nach Kreuznach	53
Kreuznach	54
Bingerbrück	56
Bingen	57
Die Donnersberger Bahn	60
Die Zellerthal-Bahn	62
Von Monsheim nach Worms	63
Von Neustadt nach Dürkheim u. Grünstadt	63
Dürkheim	65
Grünstadt	70
Seitentour in das Leininger Thal	70
Von Neustadt nach Landau	71
Landau	72
Das Thal von Annweiler und das Gebirgsland von Dahn	73
Von Landau über die Madenburg n. Trifels, Annweiler und Dahn	74
Annweiler	77
Von Annweiler nach Dahn	78
Nach der Wegelnburg	82

	Seite
Von Erlenbach nach Annweiler	83
Von Annweiler über Bad Gleisweiler nach Edenkoben	85
Von Landau nach Weissenburg	88
Weissenburg	88
Von Winden nach Bergzabern	89
Von Winden nach Carlsruhe	89
Carlsruhe	89

Karten.

Uebersichtskarte der Pfalz, am Schlusse des Buches.
Spezialkarte der Gegend zwischen Dürkheim und Landau, Seite 32.
Spezialkarte der Gegend von Landau bis Dahn, Seite 72.

Erklärungen.

Ein Stern bei den Gasthöfen bedeutet, dass der **Verfasser oder ihm bekannte Gewährsmänner auf Grund eigener Anschauung** die Bewirthung und Wohnung gut fanden; selbstredend ist nicht ausgeschlossen, dass andere Gasthäuser gleich gut sein können. Bei dem öfteren Wechsel der Besitzer und des Dienstpersonals, bei den verschiedenen Ansprüchen der Reisenden kann eine Verantwortlichkeit für diese * seitens des Verfassers nicht eintreten.

Fahrpläne von Eisenbahnen und Dampfschiffen sind gar nicht aufgenommen, da, bei den öfteren Aenderungen in den Abfahrts- und Ankunftszeiten und Anschlüssen, Angabe derselben den Reisenden leicht irre führen könnte. Bei den **Posten** ist nur **annähernd** durch Angabe der **Tageszeit** die Abfahrt bezeichnet; ein Wechsel der Postcourse in der Tageszeit tritt seltener ein, wohl aber unterliegen Stunden und Minuten der Abfahrtszeit ebenfalls öfteren Aenderungen.

Berichtigende oder ergänzende Mittheilungen, die wir an Voigtländer's Verlags-Buchhandlung in Kreuznach zu richten bitten, werden dankbar angenommen und bei einer neuen Auflage gern verwerthet werden.

Abkürzungen.

E-B.	= Eisenbahn.	P.	= Person.
DS.	= Dampfschiff.	l.	= links.
FZ.	= Fahrzeit.	r.	= rechts.
Bhf.	= Bahnhof.	l. U.	= linkes Ufer.
Rest.	= Restauration.	r. U.	= rechtes Ufer.
M.	= Minute.	gl. N.	= gleichen Namens.
St.	= Stunde.		

Die Pfalz.

An den Rhein lehnt sich in einer Länge von 23 St. die Rheinpfalz, unter welchem Namen man jetzt nur noch den unter bayerischer Krone befindlichen Theil der ehemaligen Pfalz versteht. Einst war das Gebiet der jetzigen Rheinpfalz von Kelten bewohnt, deren Völkerreste sich nach den Vogesen wandten, um den siegreichen Germanen den Platz zu räumen. Die letzten Kelten gehörten zum Stamme der Mediomatriker. Die ältesten deutschen Volksstämme waren in der Vorderpfalz bei Speyer die Nemeter, bei Worms die Vangionen; beide wurden unter römische Botmässigkeit gebracht und unter Cäsar (Drusus) und Tiberius romanisirt. Im Anfang des 5. Jahrh. nahmen die Alemannen von dieser Gegend Besitz, doch nur bis Ende desselben Jahrhunderts, als der Frankenkönig Chlodwig bei Tolbiacum (Zülpich) — nach in neuerer Zeit vielfach ausgesprochenen Ansichten soll dies Schlachtfeld bei Albiacum (Albich) unfern Alzey gewesen sein — die Alemannen schlug, und diese verdrängend von dieser Gegend Besitz nahm. Selten gibt es einen Landstrich, der dem Wechsel und dem Wogen der Bewohner so unterworfen war, wie die Pfalz; waren es in späterer Zeit nicht ganze Volksstämme, so waren es doch oft ganze Bruchtheile solcher, die hier ihre Wohnungen aufschlugen, so dass sich ein wahres Völkergemisch bildete.

Der Hohenstaufe Conrad, Bruder Barbarossa's, war der erste „Pfalzgraf bei Rhein", dessen Besitz sich später in verschiedene Linien verzweigte. Ueberhaupt war im Mittelalter, bis zur ersten französischen Revolution, das Land

2 Die Pfalz.

auch hier, wie beinahe überall am Rhein, in eine Menge kleiner Gebiete zerklüftet, von mehr oder minder mächtigen Adelsgeschlechtern beherrscht. Unter den kleinen Potentaten traten die Fürstenhäuser der Kurpfalz, Pfalz-Zweibrücken, Nassau und das Hochstift Speyer als in grösserm Länderbesitz hervor; neben diesen die Sickingen, v. d. Leyen, Leiningen u. A. Die französ. Revolution beseitigte die bunte Karte der damaligen Pfalz; diese wurde französisch, bis 1815 die Krone Bayern im Besitz folgte, mit Ausnahme einiger Gebietstheile, die zu Rheinpreussen und Rheinhessen geschlagen wurden; sie hat einen Flächeninhalt von 108 Quadr.-Meilen.

In der Pfalz selbst unterscheidet man Vorderpfalz und Westrich; mit letzterem Namen wird im Allgemeinen der gebirgige Theil der Pfalz bezeichnet, im Gegensatz zu der die Vorderpfalz bildenden Rheinebene. Das Westrich scheidet sich wieder in den hügeligen (bei Landstuhl und Kaiserslautern bis Neunkirchen und Pirmasenz) und den gebirgigen Theil. Als oberes Haardtgebirge bezeichnet man die vorderen Berge von Bergzabern bis Neustadt, als unteres Haardtgebirge die vorderen Berge von Neustadt an bis etwa Grünstadt. Unter dem „Wasgau" versteht man das Gebirge zwischen den Flüssen Queich und Lauter, mithin fällt in dasselbe das romantische Felsengebiet bei Annweiler und Dahn; indess wird der Begriff des Wasgau's oft auch weiter in das neue Reichsland hinein ausgedehnt. Das mächtige Vogesengebirge zieht sich aus Elsass-Lothringen fort durch die Pfalz und hat seinen Abschluss mit dem Donnersberg.

Vorderpfalz und Westrich unterscheiden sich in hohem Grade durch Dialect, Sitte und Lebensweise der Bewohner, durch Klima, Bodencultur und Producte.

Wenn auch aus allen diesen Verhältnissen hervorgeht, dass die Pfalz kein „Naturganzes" bildet, so ist sie doch, besonders in neuer und neuester Zeit, zu einem politischen Ganzen festverwachsen. Eine eigentliche **Hauptstadt** der Pfalz wird im Volke nicht recht anerkannt. Während die Bewohner der Rheinebene und des Haardtgebirges den Sitz der Provinzial-Regierung, **Speyer**, als Hauptstadt betrachten, ist dies mit **Zweibrücken** oder dem ganz besonders aufblühenden **Kaiserslautern** seitens der Bewohner des Westrichs der Fall.

In der Vorderpfalz findet man die sorgfältigste Cultur des Bodens, der an den Vorhügeln des Haardtgebirges bis tief in die Ebene hinunter köstlichen Wein, Obst und Getreide erzeugt, während die Forsten des Gebirgslandes Holz vieler Art und das Gebirge als Baumaterial den bunten Sandstein liefert.

In geologischer Beziehung bringt man die Pfalz in 3 Hauptgruppen; in der Vorderpfalz das Alluvialland der Rheinebene, dem bunten Sandstein des Gebirgslandes und die Steinkohlen des hügeligen Westrich. Eine abgesonderte Gruppe bilden die Porphyrmassen des — allerdings schon auf preussischem Gebiete liegenden, aber geologisch hierher zu rechnenden — **Rheingrafenstein** und seiner Nebenberge, an der Mündung der Alsenz, — ebenso die Porphyrkuppe des mächtigen **Donnersberg**.

Kommen wir nun auf die Naturschönheiten des Landes, so finden wir auch hierin jene Verschiedenheit, welche sich nothwendig da ausspricht, wo Ebene und Berge nebeneinander in Frage kommen. Vermögen wir auch die langgedehnte Rheinebene nur in gewissem Sinne als landschaftlich schön zu bezeichnen, so wird sie dies aber, wenn man sie von den Vorbergen des Haardtgebirges überblickt, prangend im üppigen Grün, besäet mit Städten und Dörfern, umsäumt von den weithin blinkenden Fluthen des Rheines, hinter denen die dunkeln Berge des Schwarzwaldes den Rahmen bilden. Anders im Gebirgslande. In ihm selbst wohnt landschaftliche Schönheit, die sich in den verschiedensten Formen ausspricht, sei es im herrlichen Hochwald, wie er z. B. am Donnersberge weit und breit nicht seines Gleichen findet, sei es in den „abenteuerlichen Felsbrocken des Dahner- und Annweiler-Thales, welche auch die nüchternste Phantasie zu praktischen Spielen herausfordern", sei es in den Trümmern der Abteien und Ritterburgen, die, oft wie verwachsen mit den von Menschenhänden durchhöhlten Felsen erscheinend, in ihren mit Epheu umrankten, geborstenen Wänden, der Romantik freieste Bahn gestatten, — oder sei es in den hohen Felskuppen, von denen der Blick weit über die nachbarliche grossartige Gebirgswelt, über ihre Höhen und Schlösser trägt. Das Gebirgsland ist reich an Wald, der vielfach gemischt als Laub- und Nadelholzwald auftritt und durch das hierdurch hervorgerufene Colorit einen sehr freundlichen Eindruck macht, Nur das Wasser fehlt hier im Gebirge. Es fehlt an Seen, grösseren Flüssen, die stets geeignet sind, die Reize einer Landschaft zu erhöhen. Trotzdem ist die landschaftliche Schönheit gross, a erhaben.

Malerisch gruppiren sich oft die zahlreichen Ruinen von Burgen und Klöstern, von denen viele aber auch ein schwerwiegendes Zeugniss ablegen für den Vandalismus, den Louis XIV. durch seine Mordbrennerhorden verüben liess.

Verschieden wie die Landschaft ist auch der Charakter der Bewohner; hier in der lachenden Ebene und den Weingeländen heiterer Sinn und oft übersprudelnde Lebenslust, „eine unvertilgbare Frische, Raschheit und Schnellkraft," wie Riehl bezeichnend sagt, oft freilich etwas von materiellem Wesen angehaucht, dort in rauhem Berglande oft materielle und geistige Armuth, die für heitere Anschauung des Lebens wenig Raum bietet. Die Gastfreundschaft wird hier noch bei Reichen und Unbemittelten hoch geachtet.

Ihre culturhistorische Schilderung hat die Pfalz gefunden

in dem trefflichen Buche Riehl's „die Pfälzer,"; neben der culturhistorischen Schilderung gibt Aug. Becker in seinem Werke „die Pfalz und die Pfälzer", treffliche Landschafts- und Geschichtsbilder; eine Geschichte der pfälzischen Adelsgeschlechter bringt Gärtner's Geschichte der pfälzischen Schlösser und Lehmann's Geschichte der pfälzischen Burgen. Einen bedeutsamen Beitrag zur Geschichte und Schilderung der Pfalz liefert der dieselbe behandelnde Band der auf Veranlassung des Königs Max II. von einem Kreise bayrischer Gelehrten herausgegebenen „Bavaria". Die Poesie in pfälzer Mundart ist vertreten durch die Werke von L. Schandein, Kobell, Nadler, (Fröhlich Pfalz, Gott erhalt's), Lennig und Woll von denen Nadler im Allgemeinen die Mundart der Bergstrasse bis Heidelberg, Kobell die der Vorderpfalz, Schandein die des Westrich, und Lennig die Donnersberger Mundart vertritt, während Woll in den verschiedenen pfälzischen Mundarten, besonders im Speyerer und Zweibrücker Dialect dichtet.

Was nun das Reisen und die dafür gebotenen Wege anlangt, so durchschneiden vorzügliche Chausséen das ganze Land und bei der ausserordentlichen Thätigkeit im Eisenbahnbau scheint es eine Frage nur sehr kurzer Zeit zu sein, dass Schienenstränge Gebirgsland und Ebene in allen Richtungen durchschneiden und verbinden: z. B. ist nahezu vollendet die Donnersberg-Bahn, im Bau begriffen die Bahn durch das Annweiler-Thal nach Zweibrücken, im Project die Bahn von Kusel durch die Steinalbe nach Heimbach oder Birkenfeld, wo sie Anschluss an die projectirte Hochwaldbahn nach Trier finden wird. Ferner von Germersheim nach Bruchsal und von Germersheim nach Lauterburg-Hagenau und die von Speyer nach Schwetzingen-Heidelberg.

Beinahe jedes von einer Bahnlinie berührtes Dorf hat seine Station, und kann somit unerschwert Theil nehmen an den Vortheilen einer seine Gemarkungen durchziehenden

Eisenbahn. Die pfälzische Eisenbakndirection kommt dem leichtbeweglichen Pfälzer dadurch, dass sie so sehr das Reisen erleichtert, auf halbem Wege schon entgegen, nicht minder durch die billigen Fahrpreise, die sich vor den anderen Bahnen, besonders denen der norddeutschen, höchst vortheilhaft auszeichnen. Die erhöhte Frequenz gewährt reichliche Entschädigung.

Als vortrefflich gilt der Unterbau der Bahnen; die dem Auge des Reisenden mehr zugänglichen Hochbauten sind meistens aus dem trefflichen rothen Sandstein errichtet, den das Gebirgsland der Pfalz liefert. Jedes Bahnwärterhäuschen macht den Eindruck eines soliden Baues, und bei den Stationsgebäuden grösserer Orte vereinigt sich auch die architectonische Schönheit mit der Solidität.

Die Zugführer der pfälzischen Bahnen tragen **rothe**, die Schaffner **schwarze** Ledertaschen.

Im inneren Verkehr werden Retourbillets mit 25% Ermässigung bei 2tägiger Gültigkeit ausgegeben. Im Verkehr mit anderen Bahnen bestehen die verschiedensten Bestimmungen, die, mehr oder minder öfteren Aenderungen unterworfen sind, wesshalb wir auf die Fahrpläne der pfälzischen Bahnen verweisen.

Die Pfalz hat folgende Bahnen: **Ludwigshafen-Neunkirchen**, einerseits an die badische Bahn in Mannheim, die pfälzische Linie Worms-Ludwigshafen, anderseits in Neunkirchen an die Saarbrücker- und Rhein-Nahebahn anschliessend. An diese Hauptlinie schliessen sich an in Schifferstadt die Linie **Speyer-Germersheim-Landau**, in Neustadt die Linie **Dürkheim-Grünstadt-Monsheim** und **Landau-Weissenburg** (Maxbahn); in Hochspeyer die Linie **Hochspeyer-Münster** (Alsenzbahn) in Langmeil die **Donnersberger Bahn** nach Alzey, an welche sich in Marnheim die **Zellerthaler Bahn** nach Monsheim anreiht. In Landstuhl die Linie nach

Kusel, in Homburg die nach St. Ingbert-Zweibrücken. Die Linie Ludwigshafen-Worms findet in Worms Anschluss an die hessische Ludwigsbahn in den Richtungen Mainz, Alzey, Bensheim, Darmstadt. An die Bahn von Neustadt nach Weissenburg reiht sich in Landau die noch im Bau begriffene Linie Annweiler-Zweibrücken, ferner die nach Germersheim - Speyer - Ludwigshafen; in Winden die Linie nach Maximiliansau, die dort vermittelst Eisenbahn-Schiffbrücke an die badische Linie nach Carlsruhe anschliesst. In Winden zweigt ferner die Seitenbahn nach Bergzabern ab. In Weissenburg mündet die pfälzische Bahn in die elsässische Reichsbahn.

Die Donnersbergbahn führt von Kaiserslautern nach Enkenbach, von da vereinigt mit der Alsenzbahn bis Langmeil; von hier über Marnheim nach Kirchheimbolanden und Alzey; in Marnheim zweigt die Zellerthalbahn nach Monsheim ab. Die Strecken Kaiserslautern-Enkenbach und Kirchheim-Alzey sind noch im Bau. Von Monsheim führt eine Linie nach Grünstadt-Dürkheim.

Ludwigshafen.

Gegenüber von Mannheim am l. Ufer des Rheines, mit M. durch eine eiserne E.-B.-Brücke verbunden, liegt die pfalzbayrische, nach König Ludwig I. von Bayern benannte Stadt Ludwigshafen, einst als Brückenkopf von Mannheim unter dem Namen „Rheinschanze" bekannt.

Ludwigshafen ist Hauptstation der pfälzischen Bahnen, die hier in den Richtungen Speyer-Germersheim, Neustadt-Neunkirchen, Neustadt-Dürkheim, Neustadt-Landau Weissenburg und Maximiliansau, sowie Worms - Mainz - Bingen führen. Eine Ringbahn verbindet pr. feste Rheinbrücke die Bhfe. von Ludwigshafen und Mannheim. F.-Z. 10 Min. Die meisten in Ludwigshafen eintreffenden Züge haben Anschluss an die nach Mannheim, dem badischen Oberland, Wür-

8 Ludwigshafen.

temberg, Bayern, dem Elsass und dem Mittelrhein etc. Fahrz. Speyer 33-48 Min., Neustadt a. d. H. 36-60 Min. Neunkirchen 2½—3 St. Worms 32-48 Min., Mainz 1²³—2 20 Min. Dampfschiffe zwischen Ludwigshafen und Mannheim alle 10 Min., Platz I 3. Platz II 2 Kr. Te egraphenstation und Postamt, beides in der Stadt. Gasthöfe. Hôtel Wolff, nahe dem Bhf.; auch Bier; Deutsches Haus (Hôtel Waibel) im Mittelpunkte der Stadt. *Rest. im Bhf. Bier: im Sommer im Lichtenberger'schen Garten, unmittelbar am Rhein, mit schöner Aussicht, Bier der hies. Actienbierbrauerei; Rest. v. Jacob. An der „Rheinschanze" fanden mehrmals heftige Kämpfe statt, zuletzt am 15. Juni 1849, als das von Preussen besetzte L. durch die insurgirte badische Artillerie stark beschossen wurde. Kugelspuren finden sich noch an einigen Häusern nächst dem Rhein und an der Hauptstrasse. In der Neujahrsnacht 1814 forcirte der russ. General von Sacken hier den Rheinübergang.

Die Anlage der jetzigen Stadt (8500 E.), begann erst 1843, und mit rapider Schnelligkeit hat der hier in grossem Maasse erblühte Handel L. zu Bedeutung erhoben. Bemerkenswerth sind die vor Kurzem in gothischem Style erbaute evangel. und die romanische kathol. Kirche unfern vom Bhf., wie die bedeutenden Anlagen am Rheinwerft. L. hat bedeutende Fabriken, so eine Düngerfabrik und Holzschneidemühle, Anilin- und Sodafabrik, Maschinen- und Waggonfabrik, Weinsteinfabrik, welche alle mit dem Bahnhofe Ludwigshafen durch Schienengeleise verbunden sind, sowie in der Stadt eine bedeutende Actienbierbrauerei und chemische Fabrik. Neben dem Bahnhofe liegen die neuerrichteten grossen Gebäude, welche die Bureau's der Direction der pfälzischen Bahnen enthalten. Eine Ringbahn leitet über die 1869 dem Betriebe übergebene eiserne Rhein-Eisenbahnbrücke nach

Mannheim.

Bhf. der Main-Neckar-B. f. die Richtung Darmstadt-Frankfurt; und Bhf. der grossh. badischen Bahn f. d. Richtung Heidelberg u. Carlsruhe-Basel. Fahrzeit nach Heidelberg 22—40 M. Darmstadt 1 St. 32 M. — 2⁵. Frankfurt 2¹⁵-3 St. Bahn über Schwetzingen direct nach Carlsruhe in 1 St. 35 M. **Staatstelegraphenstation** im Postamt u. im Bhf. **Dampfschiffe**. Landungsbrücke der Cöln-Düsseld. D.-S., ½ St. v. Bhf. d. Main-Neckar-B. entfernt. D.-Fähre nach Ludwigshafen im Anschl. a. d. Züge daselbst. **Gasthöfe**. *Pfälzer Hof (Freitag), in Mitte d. Stadt, Ecke der „Planken-" und „Breitenstrasse". Deutscher Hof, Lit C. 2. König von Portugal, am Fruchtmarkt; auch Rest.; einfacher. *Hôtel Horn, sonst schwarzer Löwe, a. d. Planken. Neckarthal, unfern der Kettenbrücke. *Hotel Langeloth (Drei Glocken) unfern v. Bahnhofe.

Das Theater, 1854 baulich restaurirt, zählt zu den besten Deutschlands. Iffland trat hier in den frühesten Schiller'schen Schauspielen, die hier ihre erste Aufführung fanden, auf, und der kunstsinnige Dalberg als Intendant widmete der Mannheimer Bühne das grösste Interesse. Das hiesige Theater ist eines der wenigen, welches ohne bedeutende Subvention auch finanziell gedeiht, getragen von der ausserordentlichen Theilnahme der Einwohner. Opernta ge sind Sonntag (meist grosse Oper) und Mittwoch, Schauspiel Montag und Freitag; Decorationen vorzüglich.

Mannheim, über 40,000 E., 80 Mtr. ü. d. M. fand seine Entstehung erst am Anfang des 17. Jahrhunderts, durch Friedrich IV. Kurfürst v. d. Pfalz, welcher hier eine Burg erbaute, die aber nebst den um sie herum erbauten Häusern mehrmals, namentlich im 30'. u. Orleans'schen Kriege zerstört wurde. Bedeutung erhielt M. durch den Glanz der Höfe der Kurfürsten Carl Philipp u. Carl Theodor; ersterer verlegte 1721 sein Hoflager von Heidelberg hierher und erbaute 1720—29 das Schloss.

M. selbst, wie auch der neue Stadttheil jenteits des Neckar, ist ganz regelmässig, aus einer Menge Quadrate bestehend, erbaut; die Strassen wurden seither nur mit Buchstaben und Zahlen bezeichnet, z. B. Lit. A, 3, eine Weise, die dem Fremden anfangs das Aufsuchen eines Hauses sehr erschwert. Indess tragen die Strassen jetzt auch Namen, obgleich erstere Bezeichnung noch vorzugsweise angewendet wird.

Das Schloss ist ein ausserordentlich grosses Bauwerk im franz. Geschmack des 18. Jahrh. Es hat eine Länge von über 533 Mtr. Im Innern befindet sich eine Bildergalerie, in welcher von älteren Gemälden einige Cranach, Holbein, Rembrandt u. A. von Bedeutung sind. Zutritt frei, sonst v. 8—12 U. u. v. 2 U. ab (gegen 30 kr. Douceur.) Mit der Bildergalerie ist eine Kupferstichsammlung und eine Sammlung antiker Statuen in Gypsabgüssen verbunden. Im r. Schlossflügel parterre ist eine **Naturaliensamm-sammlung** in 6 Sälen (Sonnt. 11—12 U. gratis.)

Die **Jesuitenkirche**, blendend durch das in ihr verwendete kostbare Material in Marmor und Gold, ist 1793 vollendet. Am Theater auf dem Schillerplatz steht das treffliche, am 10. November 1862 errichtete *Schiller= denkmal von Carl Cauer, "errichtet aus Beiträgen der Stadt Mannheim, der ersten Zeugin seines Ruhmes, am Feste deutscher Nation, den 10. Nov. 1859"; ferner die **Denkmale Ifflands**, "Vertreter der Mannheimer Bühne schönsten Blüthe" und **Dalbergs**, "unter dessen Leitung die Mannheimer Bühne die ausgezeichnetste wurde", wie die Inschriftsworte Königs Ludwig v. Bayern lauten, der diese Statuen 1864 und 1866 auf seine Kosten anfertigen liess. Auf dem Speisemarkt steht ein wenig geschmackvolles **Denkmal**, das in symbolischen Figuren auf Handel, Verkehr, Gewerbfleiss etc. hindeutet, errichtet v. Kurf. Carl Theodor. Die Statue auf dem Paradeplatz soll wahrscheinlich auf die Schrecknisse des Orleans'schen Krieges hindeuten. Sehenswerth ist die neue **Synagoge**. Von Bedeutung sind die grossen Maschinenfabriken in der Schwetzinger Strasse, sowie die Neubauten jenseits des Neckar,welche mit der Stadt durch eine Kettenbrücke verbunden sind.

Der Handel von Mannheim ist höchst bedeutend (Hauptplatz des Handels mit Pfälzer Tabakblättern), begünstigt durch die Lage am Rhein und Neckar und als Knotenpunkt mehrerer E.-B.

Ein interessanter Ausflug per Bahn ist der nach **Schwetzingen**. Gasthöfe: **Goldener Hirsch**, (Köfel) am Eingang vom Schlossgarten, gelobt: **Erbprinz**.

Die berühmten ***Gartenanlagen** wurden vom Kurf. Carl

Heidelberg. 11

Theodor 1743—99 im damaligen französ. Geschmacke angelegt; sie umfassen eine Fläche von 186 Morgen. Der Rundgang, links vom Schlosse beginnend (Führer unnöthig) leitet durch herrliche Alleen und Anlagen zum Minervatempel, einer Moschee (sie kostete 300.000 fl.) mit zwei, 44 Mtr. hohen Minarets, von denen vorzügliche Aussicht gestattet ist, zum Tempel des Merkur, den kleinen See mit den Colossalfiguren „Rhein" und „Donau", zum Apollotempel und zum Badhaus. Künstliche Ruinen, Gruppen plastischer Bildwerke, Wasser speiende Thiergruppen u. dgl. sind in den Parkanlagen vertheilt; unter den Statuen sind mehrere von Werth durch Material und Ausführung. Die Wasserkünste sind im Sommer meistens täglich in Thätigkeit. An der Moschee und dem Badhaus ist in der Regel Jemand zum Oeffnen da (Douceur). Das Schloss, einst Residenz pfälzischer Kurfürsten, die oft in Ueppigkeit die Sommermonate hier zubrachten, ist von keiner Bedeutung. Auf dem Friedhofe von S. ruht der Dichter Hebel, † 1826.
Von Mannheim erreicht man in 30 Minuten

Heidelberg.

Bhfe. d. Main-Neckar- u. d. Badischen Staatsbahn nebeneinander. Für die Odenwald-Linie ist auch eine Haltestelle am Carlsthor unterhalb des Schlossberges. Fahrz. nach Darmstadt 1¼—2 St. Frankfurt 2—3 St. Mannheim 22—50 Min. Carlsruhe 1—1¾ St. Mosbach 1½—2 St.
Telegraphenstationen im Bahnhof, in der Stadt: Marstallst. 6 und in der Anlage Leopoldstr. 12.
Omnibus zwischen Bhf. und Stadt à 6 Kr. Koffer à 6 Kr.
Gasthöfe. *Hôtel Schrieder (Drexel) am Bhf. Europ. Hof und Victoria-Hôtel in der neuen Anlage unweit v. Bhf; Prinz Carl (Sommer und Ellmer) am Kornmakt; Badischer Hof, (Glaser), Hauptstr., Hôtel Becker, am Bahnhof, Holländ:. Hof a. d. Neckarbrücke, Russ. Hof (Wettstein) in der Anlage (auch Pension). Bayerischer Hof am Bhf., auch Bier. Darmstädter Hof am Eingang zur Stadt, auch Bier; Ritter, ä.testes Haus der Stadt, Hauptstr.. Oben im Schloss sind auch einige möblirte Zimmer zu haben. Theater nur im Winter. Gartenconcerte in der Schlosswirthschaft.

Bei gemessener Zeit r. durch die Anlagen, gerade nach dem Schlosse (eine halbe St.) und auf die Molkenkur in Allem etwa zwei St.

Heidelberg.

Heidelberg (20,000 E.) ist alten Ursprungs (Reste röm. Befestigungen in der Nähe), und gehörte den rheinfränkischen Fürsten und dann den salischen Kaisern; durch Pfalzgraf Otto d. Erlauchten, der seine Residenz von Burg Stahleck bei Bacharach hierher verlegte, wurde H. Hauptstadt der Rheinpfalz und blieb bis 1720 Sitz der pfälzer Kurfürsten. In der Reformationsgeschichte ist H. berühmt (Heidelberger Katechismus; Luther's Disputation 1518.) Schweres hatte H. in der sturmbewegten Zeit des 17. Jahrh. zu dulden; im 30j. Kriege Einäscherung durch Tilly, Vertreibung der Protestanten; im Orleans'schen Erbfolgekriege wurde 1689 durch General Melac das Schloss gesprengt und 1693 unter dem Befehle des Marschalls de Lorge an den armen Bewohnern die grössten Scheusslichkeiten verübt und die Stadt verwüstet, dass aus jener Zeit nur ein einziges Haus, das Gasthaus zum Ritter, erhalten blieb. Kurfürst Ruprecht I. stiftete 1386 die Universität (Ruperto-Carola.) Hochbegünstigt ist H. durch die überaus herrliche Gegend, in der Berg und Thal, Wald und Flur und Rebenberge in harmonischer Gruppirung wechseln.

Die **Universität** hat eine 200,000 Bände starke **Bibliothek**, am Ludwigsplatz (Mittwochs und Samstags 2—4 Uhr, an den übrigen Wochentagen 10—12 Uhr); das **physiologische Institut**, das **zool. Museum**, die *mineneralogische Sammlung** (gratis Mittwochs und Samstags 2—5 Uhr). Der **botanische Garten** (nahe dem Bahnhof). Die *St. Peterskirche ist historisch denkwürdig, weil an ihr (1406) der Genosse von Huss, Hieronymus von Prag, seine Thesen anheftete; sie ist restaurirt und dient dem evangel. Universitäts-Gottesdienst; von den Denkmälern verdient Beachtung das der Olymphia Fulvia Morata, einer der gelehrtesten Frauen des 16. Jahrhunderts. († 1555). 1873 wurde hier eine Gedenktafel für die 1870/71 gefallenen Heidelberger Studenten errichtet. Gegenüber dem „Ritter" liegt die heil. **Geistkirche** mit dem Denkmal des Kurfürsten Ruprecht III. und seiner Gattin. Die **Jesuitenkirche** wurde kürzlich restauriert. In den Promenaden am Wredeplatz steht das **Denkmal des** hier geborenen Feldmarschalls Fürsten Wrede, von König Ludwig von Bayern 1860 errichtet; in der Nähe das **chemische Laboratorium**. In den Anlagen stehen die Denkmäler ihrer Gründer, des Stadtdirectors v· Fischer

Heidelberg.

und des Gartendir. M e t z g e r. Auf dem Friedhofe wurde 1873 den daselbst begrabenen Soldaten, die 1870/71 im Kampfe für das Vaterland fielen, ein Denkmal errichtet.

Das erste Ziel des Touristen wird stets das selbst in seinen Trümmern majestätische **Schloss (215 Mr. über dem M.) sein. Fahrweg vom Bhf. r. durch die Allee bis zur Peterskirche, dann r. durch die Schlossstr. hinauf (½ St.) Vom Markt führt der Burgweg (Fusspfad) hinauf. (Führer unnöthig.) Zuerst erwähnt wird das Schloss im Jahre 1308. Der älteste Bau des jetzigen Schlosses wurde vom Kurfürsten Ruprecht III., dem deutschen König, im 15. Jahrh. in einfach gothischem Style errichtet und von Ludwig V. (1508—44) erneuert. Die späteren Kurfürsten führten noch mehrere Prachtbauten auf, welche ebenfalls nach den Gründern benannt sind, übersahen aber nicht dabei, das Schloss durch starke Befestigungen zu schützen. Wie bereits erwähnt, wurde es 1689 unter Ludwig XIV. von Frankreich, der den Befehl ertheilt hatte, „die Pfalz zu verbrennen," von seinem Henkersknechte Melac zerstört, und später nur nothdürftig restaurirt; Kurfürst Carl Philipp hatte die Absicht, es neu herzustellen, allein durch confessionellen Hader veranlasst, verlegte er 1721 seine Residenz nach Mannheim, und es unterblieb die Herstellung. 1794 wollte Carl Theodor das Schloss wiederum zur Residenz machen, allein der Blitz führte dessen weitere Zerstörung herbei, aus der es nicht wieder erstand.

Das Schloss liegt auf dem Jettenbühl, einem Hügelvorsprunge des Königsstuhles. (Taxe zur Besichtigung aller Sehenswürdigkeiten 24 kr., 2 P. 36 kr., in Gesellschaften à 12 kr., Billete zuvor im Schlosshofe zu lösen!) Auf halbem Burgwege führt ein Pfad links ab durch den Graben zum Schlossgarten, rechts zur C a r l s s c h a n z e; den Burgweg aufwärts verfolgend, gelangt man durch ein Thor unter dem grossen Gewölbe durch, auf den grossartigen *S c h l o s s a l t a n mit zwei Erkern. Die Fernsicht ist hier ausgezeichnet. Unter dem Altane war früher die g r o s s e B a t t e r i e, jetzt in einen Garten umgewandelt. An den Altan stossen die Reste des Z e u g h a u s e s. Der a c h t e c k i g e T h u r m ist neuer als sein mächtiger Unterbau, der selbst den Zerstörungsversuchen der Franzosen widerstand. An diesen Thurm stösst der B a u F r i e d r i c h II. (1544—56) an dessen

Stelle die heidnische Jettakapelle gestanden haben soll.
Hier walten schon die Renaissanceformen vor den gothischen
vor. Nach der Zerstörung von 1689 wieder aufgebaut, schlug
1784 der Blitz ein und legte ihn, wie den grössten Theil
des Schlosses, in Asche.

Besonders interressant ist der *Bau Friedrich IV.,
1607 vollendet, d e Façade ist ausserordentlich reich, wenn
auch nicht in allen Theilen künstlerisch schön; 16 Bildsäulen von pfälzischen Fürsten in vier Reihen übereinander
schmücken dieselbe. Hier ist die Schlosskirche, seit
1804 aber nicht mehr zum Gottesdienst benutzt, und die
sehenswerthe *Graimberg'sche Gallerie (Eintr. 12 kr.,
6 P. à 9 kr.) Diese ausgezeichnete kunstgeschichtliche
Sammlung enthält an 2000 Gemälde, 2000 Kupferstiche,
ferner 1200 Urkunden auf Pergament, vom Ende des 9.
bis zu Ende des 18. Jahrh., Münzen u. s. w.; das Meiste
hat auf die Landesgeschichte Bezug. An diesen Bau stösst
gegen Westen die alte Schlosskapelle („Bandhaus")
nach Erbauung der neuen Kirche in den Königssaal verwandelt. Im Keller des Bandhauses liegt das bekannte
„Heidelberger Fass" (Taxe 6 kr., in Gesellschaft 3 kr.)
Es wurde 1751 gebaut, hält 283,000 Flaschen, ist etwa 9½
Mtr. lang und in der Mitte 7 Mtr. hoch; seit 1764 ist es
unbenutzt. Neben dem Bandhaus liegt etwas zurück der
alte Bau. Durch ein gothisches Thor mit Relief — zwei
Genien mit Kranz — gelangt man in die Vorhalle des Ruprechtsbaues; hinter demselben liegen die Trümmer des
„neuen Balhauses". Auf der östlichen Seite des Schlosshofes befindet sich der *Otto-Heinrichsbau (1556—59),
zu welchem, der Sage nach, Michel Angelo den Plan
entworfen haben soll. Im ausgeprägten Renaissancestyl
ist er eines der bedeutendsten Monumente dieser Art diesseits der Alpen. Besonders reich ist die Hofseite. Zur
Rechten schliesst sich der Bau Ludwig V. an, in spätgothischem Style erbaut. Hinter diesem liegt der Bibliotheksthurm uud bei diesem die grosse Casematte,
welche zu sprengen die Franzosen sich vergeblich bemühten.
Interessant ist noch der dem Ruprechtsbau gerade gegenüber
liegende Ziehbrunnen. Die dessen Ueberbau stützenden
Säulen stammen aus dem Palaste Carls d. Gr. zu Ingelheim.
— Durch den Uhrthurm über die Schlossbrücke
mit dem Brückenhaus gelangt man, zur Rechten sich

Heidelberg.

wendend, durch die **Elisabethenpforte** nach dem westlich gelegenen **Stückgarten** mit dem **Rondel** und dem **dicken Thurm**. Oestlich daran stösst der **englische Bau**, von Friedrich V. für seine Gemahlin, eine Tochter Jacob's I. von England, errichtet. Gänge verbinden diesen Bau mit dem dicken Thurm, der alten Kapelle und den Kellern. Wendet man sich vom Brückenhaus zur Linken, so führt ganz in der Nähe ein Weg in den Schlossgraben zum *gesprengten Thurm. Diesen liess Melac 1689 sprengen und er bildet nun eine höchst malerische Ruine. Hier hat Matthisson seine „Elegie in den Ruinen eines alten Bergschlosses" gedichtet; das kleine schöne Thal daneben heisst jetzt „Matthissonsthal". Besonders zu beachten ist die **grosse Terrasse** am nördlichen Gartenende, von wo aus treffliche Aussicht auf die Rheinebene und das Haardtgebirge. Nahebei die viel besuchte Schlosswirthschaft. Durch den Schlossberg führt ein Tunnel der Odenwaldbahn.

Auf der **Molkenkur** (¼ St. vom Schloss) Restauration und schöne Aussicht auf das Schloss. Vom Thurme des *Königsstuhles, (832 erbaut. 548 Mtr.) 1 St. v. Schlosse, überaus schöne Fernsicht nach der Rheinebene, dem Haardtgebirge, dem Oden- und Schwarzwald. Unfern davon die *Kanzel, ein auf der Felsenwand errichteter Vorsprung. Ein Weg führt (1 St.) über das „Felsenmeer" hinunter zum **Wolfsbrunnen**, einem angenehmen schattigen Platze mit mehreren Weihern, die der künstlichen Fischzucht dienen (Rest. u. Forellen). Vom Wolfsbrunnen kann man der Landstrasse folgend über den ziemlich sanft ansteigenden Bergvorsprung zum östlichen Ende des Schlossgartens zurückgelangen (reizende Aussicht auf Stift Neuburg und Ziegelhausen,) etwa in ¾ St.

Es lässt sich die **Tour zum Schloss, der Molkenkur, d. Königsstuhl, d. Felsenmeer und Wolfsbrunnen leicht verbinden, vom Burgweg zum Schlosse ¼ St., von da zur Molkenkur ¼ St. zum Königsstuhl 1 St., zum Wolfsbrunnen 1 St. zur Stadt zurück ¾ St., wobei die dem Schloss zu widmende Zeit besonders in Berechnung zu ziehen ist. Auf dem Fahrwege ist es im Ganzen etwa ½ St. weiter.**

H. gegenüber auf dem jenseitigen Neckaufer ist der

*Philosophenweg, ein sehr beliebter Spaziergang. Man geht über die mit den Statuen der Minerva und des Kurfürsten Carl Theodor, der die Brücke erbaute, geschmückte grosse Neckarbrücke rechts umbiegend etwa 150 Schritte den Neckar aufwärts bis man an die „Hirschgasse", dem „Pauklokale" der Studenten gelangt. Hier, an dem Wirthshause den Berg aufwärts durch ein reizendes Thälchen führt der Weg im Bogen nach Westen wendend zum Philosophenweg. Eine herrliche Aussicht auf das über der Stadt thronende Schloss und das Neckarthal lohnt die geringe Mühe reichlich.

Von Ludwigshafen nach Speyer.

Von Ludwigshafen fährt man in 37—45 Min. (1,59 Meil.) auf der pfälz. Ludwigsbahn über die Stat. Rheingönheim (Dampfmühle und Düngerfabrik) und Mutterstadt (Zuckerfabrik Friedensau) nach Schifferstadt (für Speyer Wagenwechsel). Schifferstadt lag in alter Zeit an der Mündung des Rehbachs in den Rhein, der jetzt 1¼ St. entfernt seinen Lauf hat. Von hier nach

Speyer.

Staatstelegraph im Postamt nahe am Wittelsb. Hof. Eisenbahnomnibus fährt durch die Stadt zu allen Zügen. Fahrt 9 kr. Lohnwagen accordiren;

Gasthöfe. *Wittelsbacher Hof oder Post (Sick), Präfecturstrasse; *Rheinischer Hof (Schultz), Pfälzer Hof, (Bregenzer) beide Hauptstrasse, sämmtlich in der Nähe des Doms.

Restaurationen. Café Kern, Café Schwesinger, gutes Bier u. A. in der Sonne, im Storchen, am Altpörtel, bei Hauser, Schultz; am Bhf. und am Rhein mehrere Biergärten.

Speyer (Augusta Nemetum), vom Kaiser Heinrich V. zur freien Reichsstadt erhoben, jetzt Hauptstadt der bayerischen Rheinpfalz, mit dem Sitze der Kgl. Regierung der

Speyer. 17

Pfalz und eines Bischofs. (14,500 E.), die Todtenstadt der alten Kaiser, war, wie Worms, lange Sitz der Könige und rheinfränkischen Herzöge; 346 kommt zuerst ein Bischof von Speyer urkundlich vor. Das Hochstift vergrösserte sich durch zahlreiche Schenkungen in seiner weltlichen Macht. Bis zur französischen Invasion war Speyer eine grosse, vielthürmige Stadt, die aber durch Brand und Plünderung zerstört wurde, so dass ausser dem ausgeplünderten Dom sich nur noch unbedeutende bauliche Reste in einem hohen viereckigen Stadtthurme **Altpörtel**, angebl. noch römischen Ursprungs „alta porta" das hohe Thor, in einigen Trümmern von Kirchen, dem Judenbad neben der Synagoge und wenigen Mauern von der bei der evangel. Kirche liegenden Kaiserpfalz „Retscher", in welcher 29 Reichstage abgehalten wurden, erhalten haben. Furchtbar hausten die Franzosen 1689 hier; auf Befehl des allerchristlichsten Königs Ludwig XIV. trieben sie unter ihren Führern de Montclar und Duras die Einwohner aus der Stadt und legten dieselbe in Asche. 1797 kam S., wie die ganze Pfalz, an Frankreich und 1815 an Bayern

Der Dom. 12 Min. v. Bhf., im Sommer geöffnet von 9—12 u. 2—6 Uhr, im Winter von 9—12 Uhr und Nachm. 2—4 Uhr. Für Besichtigung der Chöre, der Krypta, der Kapellen und der Kaiserhalle beim Domschweizer Karten à 12 kr. zu lösen, zur Sammlung der Cartons und Farbenskizzen zu den Fresken in der Cathariuakapelle 12 kr.; für Besichtigung eines altdeutschen Altarbildes ebendaselbst 1 Gulden.

Der **Dom, schön gelegen, inmitten von Anlagen, die Hauptfaçade der Maximilianstrasse zugekehrt und dadurch mit dem auf der entgegengesetzten Seite der Strasse gelegenen Altpörtel einen Abschluss der Strasse bildend, ist weit und breit das grösste und bedeutendste Werk romanischer Baukunst, und in ihm sind die Gräber von 8 deutschen Kaisern und 4 Kaiserinnen. Er wurde 1689 und 1794 wiederholt geplündert und gerieth so in Verfall, dass man an seinen Abbruch dachte; er wurde jedoch erhalten und 1845—60 grossentheils unter Leitung des Baudirectors **Hübsch** und des Malers **Schraudolph** restaurirt. Der Dom wurde nach der Tradition 1030 von Kaiser Conrad II. gegründet (s. Limburg), bei dessen Tode 1039 erst die Krypta vollendet war, in der er seine Ruhestätte fand. Auch beim Tode seines Sohnes Heinrich III. war der Dom noch unvollendet; auch er wurde in der Krypta beigesetzt; seine Wittwe Agnes beschleunigte den Bau, so dass um 1061 eine Weihe stattfinden konnte, die sich wahrscheinlich nur auf das Altarhaus beschränkte. Aus dieser Zeit rühren wohl noch die Seitenschiffe und die unteren Theile der Ostthürme her. Da der Rhein fortwährend die Ufer unterspülte und dadurch die Kirche bedrohte, wurden im Auftrage Heinrich IV. die Osttheile der Krypta ummantelt und die Ufer verstärkt. 1103 war der stolze Bau im Wesentlichen vollendet. Die anstossende **Afrakapelle** war kurz vor Heinrich's Tode (1106) geweiht worden. Seine Leiche blieb hier 5 Jahre lang ohne Weihe beigesetzt. Der h. Bernhard predigte im Dome mit solchem Eifer das Kreuz, dass der anwesende Kaiser Konrad III. in Thränen ausbrach und angeblich den h. Bernhard auf seinen eigenen Schultern nach dessen Wohnung trug. 1135 wurde die Weihe des nördlichen Kreuzaltars vollzogen, aber bereits 1137, und besonders 1159 zerstörte Brand einen grossen Theil der Kirche; ob das Mittelschiff damals schon überwölbt war, ist zweifelhaft, jedenfalls datiren die jetzigen Gewölbe und wohl auch der Haupttheil des Chores und das Querschiff aus der Zeit nach dem Brande. 1281 fand eine neue Weihe statt, aber schon 1289 verursachte ein neuer Brand grossen Schaden und aus der Zeit nach ihm datiren die Gewölbe der Kreuzflügel. Am 6. Mai 1450 brach Nachts bei der Orgel nochmals ein Brand aus, durch welchen der Dom einen Schaden erlitt, wie noch nie seit seiner Erbauung; er erhob sich jedoch schöner aus seinen Trümmern. Inschriftlich wurde 1450—62 der Dom restaurirt.

wie auch nach den französischen Zerstörungen einige Nachbesserungen stattfanden. Abgesehen von der modernen Vorhalle, desen Aeusseres durch die horizontalen, bandartigen farbigen Streifen des Mauerwerks sehr an italienische Bauten erinnert, erscheint das Ganze dem ungeübten Auge doch als ein Werk aus einem Gusse, und es macht das Aeussere durch seine mächtigen Verhältnisse und die 4 Ost- und Westthürme, wie auch das Innere, gehoben durch den reichen Farbenschmuck der Wände, einen mächtigen ergreifenden Eindruck. Die Kirche ist äusserlich 147,188 Mtr. lang, im Querschiff 61,201 Mtr. breit, das Langhaus mit seinen 6 Doppeljochen hat 69,921 Mtr. Länge und 40,901 Mtr. lichte Breite, das Mittelschiff allein ist 13,890 Mtr. breit, 32,040 hoch, die Ostthürme 76,200 Mtr. Die Ueberwölbung ist mittelst rundbogiger Kreuzgewölbe ohne Rippen bewirkt; von diesen letzteren sind nur in den später aufgeführten Kreuzgewölben des Querschiffes vorhanden. Die Krypta ist aus verschiedenfarbigen Steinschichten aufgeführt und besteht aus 4 gesonderten Räumen mit Kreuzgewölben auf Säulen. Das Aeussere ist ziemlich schlicht gehalten, die Chorapsis ist durch Blendbögen auf Halbsäulen reicher als das Uebrige geziert. Die unter dem Dachgesimms hoch hinziehende Zwerggallerie umgibt, mit Ausnahme der Thürme, den ganzen Bau und gereicht ihm sehr zur Zierde. Die viereckigen Thürme in ihrer charakteristischen romanischen Form, mit gekuppelten Fenstern, Ecklisenen und achteckigem Steinhelm mit je vier Giebeln sind höchst beachtenswerth.

Von den Kaisergräbern ist das von Rudolph v. Habsburg, † 1291, neuerdings restaurirt, sie wurden von den Horden des Louvois und Melac 1689 erbrochen und zerstört. 1794 wiederholte sich 10 Tage lang ein ähnliches Trauerspiel durch die fanatisirten französischen Republikaner. Im Chor über der Krypta sind die *Statuen

20 Speyer.

Philipp's von Habsburg, in Marmor, von Schwanthaler, und Adolph's von Nassau, † 1298, in Sandstein von Ohnmacht, ausgeführt. Zwei Reliefs aus spätgothischer Zeit, jetzt an 2 Pfeilern der Verzierung, stellen die Figuren der im Dom begrabenen Kaiser Conrad II.. Heinrich III., IV., V., Rudolph von Schwaben. Rudolph I., Adolph von Nassau und Albrecht I. dar. Im Domschatz befindet sich ein schöner romanischer Weihwasserkessel und ein roman. silbernes Kreuz. Von den Seitenkapellen ist die St. Afrakapelle 1097—1103 errichtet, später aber umgebaut worden, und bildet einen fast quadratisch überwölbten Bau, die Säulen mit reichen Kapitälern. Die Taufkapelle ist ein quadratischer Raum mit 9 Kreuzgewölben und 4 Mittelsäulen, mit schönen roman. Kapitälern. Die darüber liegende Katharinenkapelle ist 1858 wieder in der alten Form aufgeführt. Die Sakristei ist aus dem Anfange des 15 Jahrh. Die grossen spätgothischen Kreuzgänge sind bis auf geringe Reste zerstört, und umschlossen den 1511 errichteten figurenreichen, durch die Franzosen leider sehr beschädigten „Oelberg," ein grossartig angelegtes Werk aus der Passionsgeschichte, von dem noch Zeichnungen seiner ursprünglichen Gestalt vorhanden sind. Jetzt sieht man nur noch einige Figuren ohne Köpfe, von mehreren sind sogar nur noch die Füsse da.

Hochbedeutend sind die *Fresken von Joh. Schraudolph unter Mithülfe von Claud. Schraudolph, J. Mösl, M. Bentele, Mayr, Mader, Baumann, J. E. Koch, Süssmayer u. Schwarzmann in den Jahren 1845—53 ausgeführt. Diese Fresken, in ihrer Farbenpracht, schmücken das ganze Innere des Doms und machen einen wahrhaft imposanten Eindruck. (Die Cartons und Farbenskizzen sind in der Katharinen-Kapelle ausgestellt),

Vor dem Dome steht der Domnapf, lokal „Domschüssel", eine colossale Schüssel aus Sandstein; jedem neu

einziehenden Bischofe wurde früher, nachdem er die Rechte
der Stadt beschworen hatte, aus dieser Schüssel der Ehrenwein
kredenzt; übrigens wohnten die Bischöfe bis zum 17.
Jahrh. nicht in Speyer, sondern auf der Madenburg, später in
Bruchsal. In der Antikenhalle beim Dom finden sich
zahlreiche in der Pfalz aufgefundene Alterthümer aus verschiedenen
Zeiten. Eine an einem Pfeiler des Domchors
angebrachte Tafel sagt „Auf diesem Platze stand die kaiserliche
Pfalz, um 1100 vom Kaiser Heinrich IV. dem
Bischof Johann I. übergeben, seit dieser Zeit bischöfliche
Residenz, zerstört 1689".
Nahe beim Dom liegt das Judenbad, ein unterirdischer
Gewölbebau im romanischen Style.
Das neugegründete **Historische Museum**, sammt naturhist.
Sammlungen, Bildergalerie und Gewerbemuseum
befindet sich im Realschulgebäude.

Von Speyer führt die EB. über die Stat. Berghausen,
Heiligenstein und Lingenfeld in 32 Min. bis zu der Festung
Germersheim a. Rh., (Gasth. z. Schiff u. Salmen), als
Festung 1836—42 erbaut, von wo der Bahnbau über Wörth
nach Lauterburg-Hagenau und nach Bruchsal projectirt
ist. In Germersheim starb 1296 Kaiser Rudolph von Habsburg.
1872 wurde die Bahnlinie Germersheim-Landau mit den
Zwischenstationen Westheim, Lustadt, Zeiskam, Hochstadt
und Dreihof eröffnet. FZ. Germersheim-Landau 48 Min.

Ludwigshafen-Worms.

Station Oggersheim 0'7, FZ. 8 Min., Frankenthal 0,8,
FZ. 11 Min.; Worms 1,7, FZ. 13—19 Min. zus. 38 Min.,
Schnellz. 27 Min.
Von Ludwigshafen ab entfernt sich die EB. vom Rhein,
einen weiten unregelmässigen Bogen beschreibend, an dem

Oggersheim (Gasthaus z. Krone) liegt. In O. lebte 1782 Schiller; eine Gedenktafel in der Schillerstrasse bezeichnet sein damaliges Wohnhaus. Die Lorettokirche (Wallfahrtsort) ist bemerkenswerth. Auch hinter O. führt die EB. in der Ebene hin, die links in mehrstündiger Entfernung von der „Haardt" begrenzt wird; rechts erscheinen die Höhen des Odenwaldes. Frankenthal (Hôtel Otto) (Post nach Grünstadt, 2mal nach Dürkheim, Privatomnibus nach Dürkheim) liegt etwa ³/₄ Meile vom Rhein, mit dem es durch einen Canal verbunden ist. Es ist eine recht freundliche Stadt. Durch den Gewerbefleiss vertriebener Niederländer, welche im 15. Jahrh. hier ein Asyl fanden, kam F. in hohe Blüthe, die aber durch den 30j. Krieg und 1689 durch den Vandalismus der Franzosen geknickt wurde. Hier sind noch Reste einer grossen roman. Kirche, deren sehr reiches Portal bemerkenswerth ist; von dem roman. Südthurm ist der obere Theil modern. Die Gartencultur ist hier von Bedeutung. Von Frankenthal führt die EB., in gerader Richtung, sich dem Rheine nähernd, nach Worms. Schon von Stat. Bobenheim ab treten l. Hügelketten der Bahnlinie näher und kurz vor Worms beginnt rheinhessisches Gebiet. Vor der Einfahrt streift die EB. mehrere grössere Etablissements, die darauf deuten, dass die Gross-Industrie in Worms jetzt eine Stätte aufgeschlagen hat.

Worms.

W. ist Stat. der Hess. Ludwigsbahn. Hier münden oder zweigen ab 4 Bahnlinien; Mainz-Bingen und Alzey-Bingen; nach Bensheim an der Bergstrasse und die Riedbahn; (Worms-Darmstadt) sämmtlich Linien der Hess. Ludwigsbahn; die Linie nach Ludwigshafen ist pfälzische Bahn. Von Monsheim an der Alzeyer Linie, Abzweigung nach Grünstadt einerseits und nach Marnheim (Zellerthal-Bahn) anderseits.

Fahrzeiten. Nach Ludwigshafen 27—38 Min., Heidelberg

2 St.; Speyer 1²⁵; Mainz 55 Min.—1²⁰; Frankfurt 2—2½
St.; Darmstadt 1³⁰—1⁵⁰; Bingen 2½—3 St.; Alzey 1 St.
Telegraphenstation Paradeplatz neben der Post.
Landungsbrücke der **Dampfschiffe.**
Droschken Fahrt bis ¼ St. 12 kr.
Gasthöfe. *Alter Kaiser (Kirschhöfer), beim Dom;
*Hôtel Hartmann; beide Häuser haben Wagen am Bahnhofe; Hôtel Bellevue; gegenüber · dem Lutherdenkmal wird gelobt; *Rheinischer Hof am Rhein, mit schöner Aussicht, gutem Tisch und Wein, mässige Preise. Europäischer Hof (Gebr. Meyer) a. Bhf.; neues eleg. Hôtel mit Café-Rest. und Garten.
Die Restauration im Worret'schen Garten, unfern vom Bhf., ist für Touristen bequem gelegen.
Worms, 16,000 E., die Stadt der Nibelungen, zählt mit zu den ältesten rheinischen Städten und war Hauptstadt der Vangionen; Cäsar Augustus theilte ·Stadt und Gegend (17 v. Chr.) der Provinz Germania prima zu. Worms war später Residenz der burgundischen und fränkischen Fürsten und Bischofssitz. Im Mittelalter war W. freie Reichsstadt, öfters Sitz der Reichstage und zeitweilige Residenz der deutschen Kaiser. In seiner Blüthezeit hatte W. 60,000, vor dem 30jähr. Kriege noch 40.000 Einw.; ihre vielen Kirchen und Stadtthürme, ca. 80, gaben ihr ein imposantes Aussehen. — Durch die Schweden 1632, besonders aber durch die Franzosen unter Melac und Créqui litt die Stadt furchtbar und wurde 1689 fast ganz zerstört, nur Dom und Synagoge blieben erhalten. Durch die erlittenen Drangsale sank W. zu einer unbedeutenden Landstadt herab und erst in neuerer Zeit vergrösserte sich die Stadt und ihr Wohlstand wieder durh die sich kräftig entfaltende, ganz bedeutende Industrie. Hier war es, wo Luther auf dem im Bischofshofe abgehaltenen Reichstage vor Kaiser Karl V. und den Kurfürsten 1521 seine Lehre vertheidigte 1815 kam W. an Hessen-Darmstadt.

Die Sagen der Nibelungen und vom Rosengarten (S. 25) haften an dem alten Worms, und klingen wieder in der alten deutschen Heldensage.

Der *Dom (St. Peter) ist eines der sehenswerthesten Denkmale kirchlicher Baukunst und glücklicher Weise aus den Zerstörungen, welche W. erlitt, erhalten worden. (Wegen Besichtigung Anmeldung beim nahe wohnenden Küster.) Er liegt ziemlich frei nach allen Seiten, hoch die Stadt überragend. Es wird schon 527 einer Kirche hier erwähnt, welche 872 abbrannte. 996 neu gegründet. 1016 und 1110 geweiht wurde. Der sehr beschädigte Bau bedarf fortwährender Restauration.

Der Dom ist eine kreuzförmige gewölbte Pfeiler-Basilika mit Ost- und Westchor, äusserlich imposant durch die 2 Mittelthürme und die 4 Thürme zur Seite der Apsiden mit Steinhelmen; der Dom ist äusserlich 111 Mtr. l., 27½ br. Das Aeussere enthält namentlich an dem schönen goth. Südportale sehr bemerkenswerthe symbolische Skulpturen, so besonders die triumphirende Kirche auf einem vierköpfigen Thiere reitend. Im nördlichen Seitenschiffe sind die Sculpturen der 3 fränkischen Königstöcher Embede, Warbede und Wilbede beachtenswerth durch edle Verhältnisse und Gewandung. In der Taufkapelle neben dem südlichen Portale sind mehrere interessante Sculpturen aus dem zerstörten Kreuzgange vorhanden, daselbst ferner zwei alte, auf Goldgrund gemalte Altarflügel, den h. Petrus und den h. Paulus darstellend; diese Bilder sind aus der Zerstörung durch die Franzosen erhalten worden.

Auf dem Marktplatz ist die protest. **Dreifaltigkeitskirche** mit dem Bild von Seekatz: Luther auf dem Reichstage zu Worms.

Die nahe am Rhein liegende *Liebfrauenkirche ist ein späthgoth. Bau aus dem 15. Jahrhundert. hat 2 Thürme, deren einer beim grossen Stadtbrande 1689 der Spitze beraubt wurde. Am Wetportal ist eine Sculptur, den Tod Mariä und die 5 klugen und die 5 thörichten Jungfrauen darstellend, bemerkenswerth. Die bauliche Restauration der schönen Kirche ist im Innern in würdiger Weise vollendet. Bei der Kirche wächst der bekannte Wein „Liebfrauenmilch."

Ein besonders merkwürdiger Bau ist die alte *Synagoge (beim Mainzer Thor) mit einem schönen Rundbogenportal; das Innere ist ein mit Kreuzgewölben überspannter Raum und hat schlanke Mittelsäulen von eigenthümlicher Form. An den Hauptraum stösst die Frauensynagoge. Die Raschikapelle ist modernisirt, das Frauenbad verschüttet und in Ruinen. Obgleich die Judengemeinde von W. sehr alt ist, datiren diese Bauanlagen doch erst aus dem 11. Jahrh.; der Hauptbau wohl aus dem 13. Jahrh. Gegenüber der alten Synagoge befindet sich die von den alt- (streng) gläubigen Juden erbaute neue Synagoge.

Das ***Luther-Denkmal**, oder vielmehr ein Denkmal der Reformatoren, am 25. Juni 1868 enthüllt, befindet sich nahe am Bahnhof; bald nach dem Eintritt in die Stadt vom Bahnhofe aus, sieht man das Denkmal rechts sich riesig erheben. In der Mitte auf hohem Postament die Colossalstatue Luther's, an den Sockelpfeilern desselben die bedeutendsten Vorkämpfer der Reformation, Petrus Waldus, Johann Wycliffe, Johann Huss und Hieronymus Savonarola. An den 4 Ecken des Unterbaues die mächtigsten Stützen und Förderer der Reformation: Friedrich der Weise, Philipp der Grossmüthige, Johann Reuchlin und Philipp Melanchthon. Die umgebende niedrige Zinnenmauer trägt die weiblichen Städtefiguren Augsburg, Speyer, und Magdeburg. Motiv des Künstlers Rietschel, das welthistorische Wort, welches Luther hier auf dem Reichstage sprach: „Hier stehe ich, ich kann nicht anders. Gott helfe mir. Amen." Das Piedestal ist aus grauem Marmor. Die Figuren wurden in Lauchhammer unter Leitung von Kitz und Dondorf gegossen.

Der ***Heil'sche Garten**, dicht am Dom, mit dem davorstehenden, ausgebauten Schlösschen und seinen Treibhäusern ist beachtenswerth. In demselben sehenswerthe Statuen von Siegfried und Chriemhilde. Zutritt in den Garten von täglich 11—5 Uhr unentgeltlich.

Die **Riedbahn**. Worms-Darmstadt, M. FZ. 1 25—1 40 hess. Ludwb. fährt vom Bhf. Worms in grossem Bogen um den nördlichen Theil der Stadt, hart an der Liebfrauenkirche (S. 24) vorbei, an den Rhein, wo eine D.-Fähre den Verkehr mit dem r. Rheinufer und der daselbst befindlichen Stat. Rosengarten vermittelt. Hier bildete der Rhein einst eine Insel Rosenau; der eine Arm des Stromes suchte aber einen anderen Weg und es bildet jetzt diese Au ein mit Weidengebüsch bedecktes Sumpfland. Die Sage haftet aus uralter Zeit an diesem Rosengarten, welche auch im Nibelungenliede mehrf. Wiederhall finden.

Worms-Bensheim, hessische Ludwigsbahn, 3,24 M. FZ. 1. St. Von Worms bis Hofheim dieselbe Linie wie die Riedbahn; in Hofheim zweigt sie ab und führt in der Ebene nach Bensheim an der Bergstrasse, wo sie in die Main-Neckarbahn mündet.

Worms-Alzey-Bingen. Diese Linie 4,3, bis Alzey FZ. 1 St., bis Bingen 8,5, FZ. 2,15 findet in Alzey Abzweigung der Linie Alzey-Mainz, 5,8 FZ. 1 30; in Alzey mündet auch die Donnersberger Bahn; eine halbe Meile von Worms liegt Stat. Monsheim, wo die pfälzischen Linien nach Grünstadt und Marnheim abzweigen; erstere führt weiter nach Dürkheim, letztere die Zellerthalbahn, nach Marnheim, wo sie in die Donnersberger Bahn mündet.

Worms-Mainz.

5.9 FZ. 51 M. bis 1½ St. Vom Coupé aus tritt r. die Liebfrauenkirche deutlich hervor, l. am Bergabhange liegt ½ St nordw. von Worms an der Strasse nach Westhofen **Herrnsheim**, Sitz der altberühmten Familie von Dalberg. Das Schloss mit den Anlagen und die im roman. Style erbaute Kirche sind sehenswerth. Der Zug passirt die Stationen **Mettenheim, Alsheim**, und **Guntersblum**, letzteres mit einem gräflich Leiningen'schen Schloss. Sehenswerth ist in dem jetzt folgenden, einst zur Kurpfalz gehörenden **Oppenheim** (*Hôt. Ritter) die auf der Anhöhe der Stadt gelegene *St. **Catharinenkirche**, eines der schönsten Bauwerke gothischer Baukunst in Deutschland, jetzt protest. Kirche. Obgleich kein Werk aus einem Gusse und theilweise in Verfall gerathen, so zeichnen sich doch beinahe alle Theile durch Harmonie und grosse Kühnheit der Construction aus. Ausser der schönen Glasmalerei und einigen Grabmälern, unter denen das eines jungen Mädchens in langem Gewande zu fesseln geeignet ist, — ist besonders das reiche Maaswerk der Fenster bemerkenswerth. Unter der Pracht der Fenster tritt besonders die der „Rose" hervor mit dem Reichsadler im goldenen Felde. (Wegen Besichtigung Anfrage beim Glöckner an der Kirche.) Am Kirchhof befindet sich ein Beinhaus, in welchem Knochen und Schädel der bei der Belagerung und Erstürmung von Oppenheim durch Gustav Adolph gefallenen Schweden und Spanier aufbewahrt werden.

Höher noch als die Kirche liegen die mit der Stadt durch Mauern und unterirdische Gänge verbundenen Ruinen der 1689 zerstörten Reichsfeste **Landskron**. Von der unteren Stadt zur Kirche 10 Min., zur Landskron weitere 15 Minuten.

Die folgenden Stat. **Nierstein, Nackenheim, Bodenheim, Laubenheim** tragen die Namen weithin bekannter Weinorte.

Mainz.

Eisenbahn. Centralbahnhof der hessischen Ludwigsb. für die Linie nach Bingen (Cöln).

Fahrzeiten nach Osthofen 44 Min.—1^{11}, Worms 50 M. —1^{30}, Ludwigshafen 1^{15}—2^{5}, Darmstadt 45—55 M., Frankfurt 45 M.—1. St., Alzey 1^{40}, Bingen 35 M.—1 St., Coblenz 2^{1}—2^{15}, Cöln 4^{17}—5^{40}.

Mainz.

Postamt in der Stadt am Brand nahe der Schiffbrücke und Postexped. im Bahnhof.
Dampfschiffe. Expedition und Billetausgabe an der Landungsbrücke für die Schiffe der Cöln.-Düsseld. Gesellschaft unterh. der Schiffbrücke (in Castel neben der Schiffbrücke). Localboot, im Sommer halbstündlich, von Mainz nach Biebrich I. Platz 9 kr., II. Platz 6 kr.. an der Schiffbrücke selbst. Dampffähre zw. Castel u. Mainz im Anschluss an die Züge der Taunusbahn. Landungsplatz in Mainz am Fischthor, dem zweiten unterhalb des Bhf. der hess. Ludwigsbahn. Ueberfahrt I. 4 kr. II. 2 kr.
Telegraphenbureau hinter d. Theater, Univers.-Strasse.
Droschken, laut Taxe.
Gasthöfe. *Rhein. Hof; *Holl. Hof; *Engl. Hof am Rhein, gegenüber der Schiffbrücke, alle ersten Ranges und am Rhein. Hôtel Ziegler, sonst Taunus-Hôtel am Rh. empfohlen; Pariser Hof; *Stadt Coblenz, bürgerlich; auch Bier; sämmtlich am Rhein, *Hôtel Landsberg mit Bierlocal, Löhrstr. nahe an der Schiffbrücke, *Pfälzer Hof (Horn) a. Bhf.. auch Rest., *Karpfen am Brand, vis-à-vis der Post; Cölnischer Hof, *Hôtel Germania, letztere beiden nahe am Bhf.

Bei beschränkter Zeit würde der Dom und das Gutenbergs-Denkmal, die Sammlungen im Schloss und die Neue Anlage (Nachm. meist Concert) oder der Eigelstein zum Besuch zu empfehlen sein.

Der Ursprung von Mainz (Moguntia) dürfte bereits in der vorrömischen Zeit liegen. Der eigentliche Gründer war aber Claudius Drusus, der 13 v. Chr. ein „Castrum" auf einer Anhöhe erbaute, die noch heute den Namen „Kästrich" führt; derselbe errichtete M. gegenüber, ebenfalls ein Castell, von dem das heutige Castel den Namen hat. Das Christenthum soll durch die 22. Legion hierher gebracht worden sein. Die durch die Hunnen zerstörte Stadt baute Bischof Sidonius in Mitte des 6. Jahrhunderts neu auf. Unter den fränkischen Merowingern galt M. als Hauptstadt des ostfränkischen Reichs. Der Heidenapostel Winfried, bekannt unter dem Namen Bonifacius, Erzbischof von M., war der eigentliche Schöpfer der Bedeutung von M., besonders in kirchlicher Beziehung, während Erzbischof Hatto I. mehr als Gründer der weltlichen Macht bezeichnet werden kann. Erzbischof Willegis ordnete die staatlichen Verhältnisse. Nach der Reformation erblich etwas der Glanz von M., mit dem seine geistlichen Fürsten es umgeben hatten.

1792 zog der franz. General Custine mit den Schaaren der Jacobiner in Mainz ein (Clubisten in Mainz), 1793 am 25. Juli der preussische General v. Kalkreuth; 1801 kam es an Frankreich, 1814 an das Grossherzogthum Hessen und wurde deutsche Bundesfestung, bis Preussen 1866 das alleinige Besatzungsrecht erhielt; jetzt ist M. Reichsfestung. Die Landschaft um Mainz mit ihren „hochgesegneten Gebreiten, Hügeln, die den Strom begleiten" (Göthe), bildet ein herrliches Panorama, dem der breite mächtige Strom Leben und Frische verleiht; in langer Kette umziehen die Taunushäupter die sich bei M. am r. U. ausbreitende Ebene, und von den Höhen des „goldenen Mainz" schaut das Auge in die Fluren und rebenbedeckten Bergabhänge des Rheingaues. Die Lage von Mainz am Zusammenfluss zweier schiffbaren Ströme gab von jeher seinem Handel grosse Bedeutung. M. hat jetzt etwa 47,850 E. excl. Garnison u. ist Provinzialhauptstadt des Grossherzogthums Hessen; die Festungswerke sind gegenwärtig im Umbau begriffen, den artilleristischen Erfahrungen der Neuzeit Rechnung tragend, womit zugleich eine grossartige Erweiterung der Stadt in Aussicht steht.

In der Citadelle steht der *Eigelstein, ein dem Drusus von der 2. und 14. Legion im Jahre 9, 8 u. 7 v. Chr. errichtetes Denkmal; es war ein aus Gussmauer bestehender, mit Quadern verblendeter Thurm, der jetzt nur noch als eine etwa 13 Mtr. hohe Steinmasse erscheint. (Einlasskarten z. Besuch des Eigelstein's auf der Thorwache der Citadelle; ein Unterofficier ist Führer; Douceur.)

Der *Dom. Geöffnet, Vorm. bis 11 30, Nachm. 4—6 Uhr, während des Gottesdienstes ist nähere Besichtigung nicht erlaubt. Wegen Besteigung des Thurmes Aufrage bei dem am Dom auf dem Leichhof wohnenden Küster; Aussicht vom Stephansthurm ist lohnender.

Die Gründung des Domes durch Erzbischof Willegis fällt in das J. 978. Im Laufe der Zeit war der Dom höchst verfallen; eine umfassende Restauration begann erst 1856 und durch sie ist gegenwärtig eine umfassende Bauthätigkeit entfaltet worden. Durch die Pulverexplosion 1857 litt auch der Dom; in der derselben folgenden Restauration wurden die Wandflächen und Gewölbe nach romanischen Mustern (Zeichn. v. Phil. Veit) auf Goldgrund neu gemalt. Der Dom hat 6 Thürme und ist ca. 133 Mtr. l.

Das Hauptportal enthält die ältesten Theile des Doms, eherne Thürflügel von Erzbischof Willegis 988 gestiftet; Aus Dankbarkeit für ihm bewiesene Anhänglichkeit gab

Erzbischof Adalbert I. 1135 der Stadt einen Freiheitsbrief, der in diese Flügelthüren eingegraben wurde. Das reiche roman. Portal an der Ostseite ist bemerkenswerth. In der südl. Emporbühne des Ostchors befindet sich die Sammlung des christlichen Kunstvereins. Der Dom ist reich an Skulpturen (etwa 80), besonders Grabmälern, in denen bemerkenswerthe Werke bis auf die Epoche vor 1000 Jahren vertreten sind. Aus dem Dome tritt man durch ein schönes Portal in den Kapitelsaal, auch Memorie genannt. Dieser dient als Vorhalle zum Kreuzgang und zur goth. Nicolaus-Kapelle, die jetzt als Local zur Bischofswahl dient. Der Kreuzgang, 1397—1413 in schönen Verhältnissen erbaut, aber noch nicht vollständig restaurirt, mit reichem Maaswerk an den Fenstern ist besonders beachtenswerth durch das von Schwanthaler in München 1842 angefertigte geschmackvolle und sinnige Denkmal des Minnesängers Heinrich Frauenlob († 1318) und ein Relief mit einer Gruppe Seliger und Verdammter (1300); nach anderen stellt sie eine Versöhnung zwischen den Bürgern und der Geistlichkeit nach dem Aufstand von 1160 dar.
Von den übrigen Kirchen ist besonders St. Stephan, unfern des Kästrich, bemerkenswerth; die in ihren Verhältnissen besonders schöne Kirche ist nach der Pulverexplosion sehr würdig restaurirt. Hier ist das Grab des Erzbischofs Willegis, welcher die Kirche gründete. Auf dem spätgothischen, später entstellten Thurme (66 M.) hat man die beste Fernsicht über M. und Umgegend (Klingel zum Küster am nördlichen Portale).

Unter den andern Kirchen aus dem Mittelalter ist noch die **Quintinskirche** zu erwähnen. Die mit Verzierungen überladene St. Peterskirche am Paradeplatz ist von 1748—56. Die frühere heil. Geistkirche, nahe dem Bhf. architectonisch sehr interressant, ist jetzt Bierlocal.

Das ehemalige **kurfürstliche Schloss** (Eintrittskarten zu den Sammlungen à 18 kr. in dem kleinen Hause neben dem Schlosse am „Octroi". Sonnt. Morgens. 10—12 und Mittw. Nachm. 2—5 Uhr freier Eintritt) am unt. Ende der Stadt, im 17. Jahrhundert erbaut, diente den Kurfürsten bis 1792 als Residenz, in der französ. Kriegszeit war es Magazin. ist jetzt städtisches Eigenthum und es umschliessen seine Räume (Eingang am Paradeplatz) das höchst

Mainz.

sehenswerthe *Museum der Alterthümer, ferner das *römisch-germanische Museum, eine übersichtliche Darstellung von über 6000 Alterthümern vorchristlicher Zeit aus allen Gegenden Deutschlands, dann die *Gemäldegallerie, eine höchst bedeutende Sammlung vorzüglicher Gemälde aller Malerschulen.

Der Gemäldegallerie gegenüber ist der **Antikensaal** mit Abgüssen der römischen und griechischen Sculptur. Die **Stadtbibliothek** (geöffnet mit Ausnahme der Sonn- u. Samstage tägl. von 9—12 u. 2—4 Uhr) enthält 124,000 Bände, darunter die ersten Drucke von Gutenberg, Fust u. Schöffer. Ferner ist hier eine Handschriftensammlung, eine Münzsammlung mit den Mainzer Münzen vollständig und die Münzen und Medaillen sämmtlicher europäischer Staaten, eine Sammlung altrömischer Münzen.

Das **Zeughaus** nahe dem Schlosse enthält eine bedeutende Sammlung alter und neuer Waffen, Rüstungen u. s. w. (Gratis-Eintrittskarten auf dem Bureau der Festungs-Artillerie-Direction, Ecke der gr. Bleiche u. Bauhofstrasse). Neben dem Zeughause liegt das Deutsche Haus, um 1716 erbaut, früher Deutsch-Ordenshaus, jetzt Palast des Grossherzogs. Die Fruchthalle, Dominikanerstr., 1839 erbaut, fasst beinahe 8000 Personen, wird auch bei Ausstellungen, Musikfesten und sonstigen Festlichkeiten benutzt. Das Theater am Gutenbergsplatz, nach Mollers Entwurf; diesem gegenüber ist das *Gutenbergsdenkmal, nach Thorwaldsen's Model mit Basreliefs an den Seiten, 1837 festlich enthüllt.

Auf dem Schillerplatz steht das von Scholl entworfene **Schillerdenkmal** (1862); an diesem Platze liegt der Palast des Gouverneurs. Von histor. Interesse ist der **Marktbrunnen** am Speisemarkt, der mit Bildwerken geziert durch seine Inschrift bekundet, dass ihn Albert, Cardinal und Erzbischof von Mainz nach dem Siege Kaiser Karl V. über die Franzosen bei Pavia und nach Unterdrückung des Bauernkrieges zur Erinnerung errichten liess.

Viel benutzt zur Promenade wird die Mainz mit Castel verbindende 750 Schritte lange **Schiffbrücke**; hier ist eine volle und treffliche Uebersicht über die Rheinseite des „goldenen Mainz" gewährt. Die *Neue Anlage (Droschke Einsp. bis 2 P. 24, bis 4 P. 30 kr.; Zweisp. 30 und 36 kr.) vor dem Neuthor, 15 Min. v. Bahnhof, an der Stelle des kurfürstl.

Lustschlosses Favorite, ist selbst bei kurzem Aufenthalt besuchenswerth. In den grossen Rest.-Localen sind im Sommer Mittwochs Militär-Frei-Concerte. Die Aussicht den Main hinauf bis Hochheim und bis in die Gegend bei Wiesbaden ist trefflich: gegenüber die Gustavsburg (Mainspitze) unten die eiserne Eisenbahnbrücke und der Güterbahnhof. Vom Kästrich (Mathildenterrasse) mit röm. Ringmauer, vorzüglicher Blick über die Stadt und Umgegend. Der alte Kästrich wurde durch die Explosion eines Pulverthurms am 18. Nov. 1857 zerstört. Bei dem Dorfe *Zahlbach, nahe vor dem Gautbor. (Einsp. bis 2 P. 30, bis 4 P. 36 kr., Zweisp. 36 kr. und 42 kr.) erblickt man die zum Theil noch 10 Mtr. h. 62 Pfeilertrümmer der röm. Wasserleitung, welche das Wasser von Finthen (Fontanae) in das Basin des röm. Castrum führte. Die Höhe der höchsten Pfeiler betrug ursprünglich 40 Mr.

Gegenüber M. liegt **Castel** mit dem Bhf. d. Taunusb.
Von Mainz führen directe Bahnlinien der Hess. Ludwigsbahn nach Bingen 4,2, FZ. 35 M. b. 1 St. (hier an die Rheinische Bahn nach Cöln anschliessend); ferner nach Darmstadt, 3,4 FZ. 37—55 M., nach Frankfurt, 4,9 FZ. 45—65 Min. und nach Alzey, 5,8 FZ. 1 30—1 40.

Von Ludwigshafen nach Neustadt a. d. Haardt.

Von Schifferstadt (S. u.) fährt der Zug in fruchtbarer, mit Weingeländen bedeckter Ebene über die Stationen Böhl und Hassloch (das stattliche Dorf hat 5000 E. und 3 Kirchen) in 30 Minuten nach

Neustadt a. d. Haardt.

Knotenpunkt der pfälzischen Bahnen für die Linien Neustadt-Dürkheim, Neunkirchen, (Saarbrücken), Landau-(Winden-Maxau)-Weissenburg (Strassburg), FZ.: Ludwigshafen 41—55, Dürkheim 45, Landau 28—37, Weissenburg 1^7—1^{30}. Kaiserslautern 50—1^0. Saarbrücken 2^{22} bis 3^{50} Min.

Telegraphenstation in der Post, Friedrichsstrasse.
Lohnwagen accordiren!
Gasthöfe. *Löwe (Hôtel Dühmig) am Bhf. *Schiff nahe der Kirche; Lamm. 2. Ranges am Bhf. Pfälzerhof, Hôtel Bender. beide einfach.

32 Neustadt a. d. Haardt.

Restaurationen. F. Kuby, Wein u. Delicatessen; *L. Strasser, Frank. beide Bier und nahe am Bhf. Im neuen, auf Actien gegründeten Saalbau, am Bhf.

Durch seine Lage am Rande der Rheinebene, am Fusse des Haardtgebirges, nahe dem Kaiserdom zu Speyer, nahe der westlich-pfälzischen Gebirgswelt und inmitten des bedeutenden pfälzischen Weinbaus, ist Neustadt (9207 E.) als Mittelpunkt von Ausflügen sehr geeignet und zudem verweilt man gern in dieser Gegend, wo der muntere, frische Charakter der Leute, dem Fremden froh begegnend, ihm leicht ähnliche Stimmung mittheilt.

Die Stadt selbst bietet ausser etwa der evang. Stiftskirche aus dem 14. Jahrhundert (Grabstätte von Ursinus, Verf. d. Heidelberger Katechismus), der neu erbauten goth. kathol. Kirche und der neuen Synagoge nichts Besonderes. Vom *Schiesshaus a. Bhf. treffliche Aussicht.

Ganz nahe bei der Stadt liegt am Berge das *Haardter Schlösschen (Burg Winzingen). Eintrittskarten zu erbitten beim Besitzer, H. Dr. Rothpletz in Neustadt, — und die dabei befindlichen *Wolf'schen Anlagen, ½ St. (freier Zutritt) mit vorzügl. Blick über die Ebene bis zum Heidelberger Schloss): dann von hier durch Dorf Haardt in ¾ St. nach der im 13. Jahrhundert zuerst vorkommenden im 30j. Kriege zerstörten Wolfsburg. Ein Tunnel der Linie Neustadt-Neunkirchen führt durch den Berg.

Fusstour von Neustadt nach der Maxburg
und Ludwigshöhe.

Von Neustadt geht man bei dem neben dem Bhf. auf der Anhöhe schön gelegenen Schiesshaus vorbei auf Fahrstrasse in ¾ St., an beiden Seiten Weinberge, nach Ober-Hambach, von wo r. ein schmaler Fahrweg am und im Walde in ½ St. auf die *Maxburg, auch Hambacher Schloss genannt, führt.

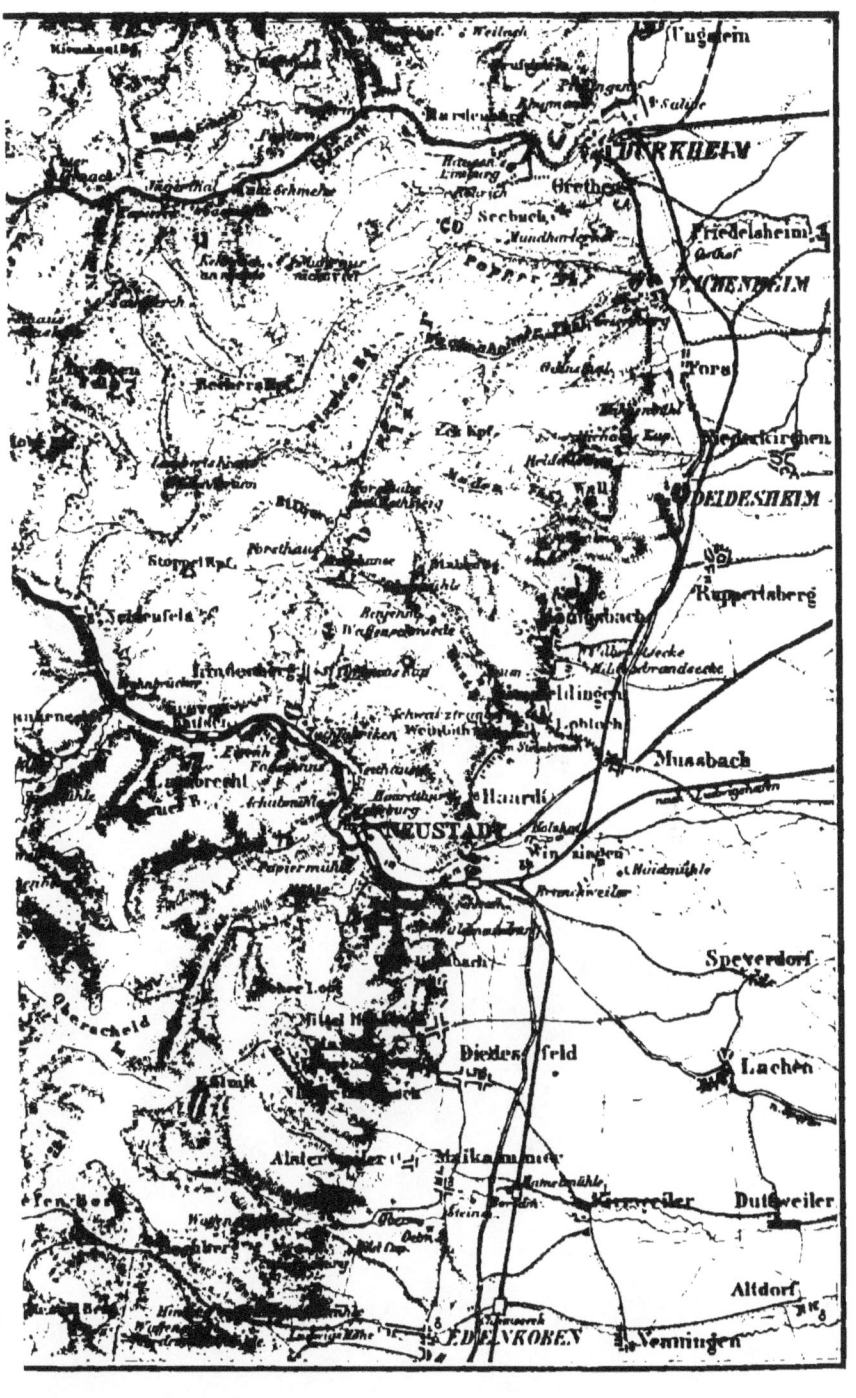

Die Maxburg.

In Sommertagen ist der in Mittel-Hambach unweit des Gasth. z. Engel wohnende Aufseher Christ. Kärcher stets auf dem Schlosse (Douceur); auch in seiner Abwesenheit bleibt das Schlossthor unverschlossen. Vom Schlosse in 15 Min. hinunter den oft steilen, daher aufwärts nicht zu empfehlenden Fusspfad nach Mittel-Hambach.

Die Maxburg, auf dem etwa 330 Mtr. hohen Kastanien- oder „Kestenberge" gelegen, war einst oft Residenz der Bischöfe von Speyer; sie hat römische Fundamente, kommt unter den fränkischen Kaisern als „Kestenburg" vor und wurde im Bauernkriege zerstört, bei welcher Gelegenheit, der Ueberlieferung nach, 100 Fuder des in den Burgkellern lagernden Weines binnen acht Tagen geleert wurden. Nach der Schlacht bei Pfeddersheim mussten die Bauern die Burg wieder aufbauen. 1552 zerstörte sie Markgraf Alcibiades von Brandenburg und was noch übrig blieb, fand in den Kämpfen der folgenden Jahrhunderte Untergang. Neustadter Bürger kauften 1823 die Ruine und schenkten sie 1842 dem damaligen Kronprinzen, späteren König Max von Bayern, der einen prachtvollen Neubau herzustellen begann. Das Jahr 1849 unterbrach die Bauthätigkeit nahe der Vollendung, und nun steht der mächtige Bau da, eine moderne Ruine inmitten der alten.

1832, am 20. Mai, wurde hier das als politische Volksversammlung bekannt gewordene „Hambacher Fest" abgehalten, welches an 30,000 Menschen hier versammelte. Im Jahre 1872 wurde eine Jubelfeier jenes Festes hier abgehalten, diesmal mit anderen Gefühlen als 1832, denn jetzt war erreicht, was 1832 angestrebt wurde — ein geeinigtes deutsches Vaterland.

Von Niederhambach führt durch Weinberge — Alsterweiler l. liegen lassend — ein Weg nach dem stattlichen, in einem Thale am Fusse der Krobsburg gelegenen Dorf St. Martin, ³/₄ St. von Stat. Maikammer entfernt. In der Kirche sind Dalberg'sche Grabdenkmäler, ferner ein Steinbildwerk, die Grablegung Christi darstellend, bemerkenswerth. In 20 Min. ersteigt man die auf einem Bergkegel liegende, einst dem berühmten Dalberg'schen Geschlecht gehörende *Krobsburg. Im vorigen Jahrhundert war sie noch in bewohnbarem Zustande, kam durch Kauf an einen Bürger aus Edenkoben, der die Mauern und Thürme abbrechen liess, das treffliche Steinmaterial verkaufte, welches zum Bau der Festung Germersheim mit verwendet wurde. In den Ruinen selbst und in den dazwischen eingeflickten kleinen Häusern wohnt jetzt eine Anzahl unbemittelter Familien. Die Aussicht ist hier vortrefflich.

Von Stat. Maikammer (Gasth. z. Ochsen) aus über St. Martin besteigt man den an 750 Mtr. hohen Kalmit, von wo sich eine grossartige Fernsicht eröffnet; oben ist ein Aussichtsthurm errichtet. Von St. Martin aus mit Führer — in etwa 1^1/$_2$ St. hinauf.

Von St. Martin führen erst Fusspfad, später Fahrweg beim „Werderplatz" (Wegweiser) vorbei in 1 Stunde nach der königlichen Villa Ludwigshöhe (s. Abschnitt: von Annweiler über Gleisweiler nach Edenkoben.) Von hier bis Bhf. Edenkoben starke ^{3}/$_4$ St. Von Edenkoben per Bahn in 16 Min. zurück nach Neustadt.

Ludwigshafen-Neunkirchen-(Saarbrücken.)

Strecke Ludwigshafen-Schifferstadt (s. S. 31). Neustadt-Kaiserslautern 4,5 FZ. 55 Min.—1^1/$_4$ St. Gleich bei Neustadt tritt die EB. in das Speyerbachthal, in welchem sich der erste, durch den, die Ruine der Wolfsburg tragenden Berg, führende Tunnel befindet. Die Bahn betritt hier das Gebirgsgebiet des „Westrich". (S. 2.) Die erste Stat. ist Lambrecht - Grevenhausen. Lambrecht, 2584 Einw., Städtchen mit vieler Industrie, besonders Tuchfabrikation, die durch franz. und wallonische Emigranten hier eingeführt wurde. Die gothische protestantische Ortskirche ist der einzige Ueberrest des früheren Benedictiner- und später Domikanerklosters St. Lambrecht.

Seitenpartie in das Elmsteiner Thal.

An der Kreuzbrücke bei Lambrecht fliessen der Speyerbach mit dem Hochspeyerbach zusammen. In dem von letzterem durchflossenen Thale werden wir später die Eisenbahnfahrt fortsetzen, während wir jetzt in das Elmsteiner Thal eintreten. Am Ausgange desselben, in Frankeneck, liegen die 3 Gossler'schen Papierfabriken. Das Thal selbst, von einer Fahrstrasse durchzogen, ist an 6 Stunden lang, hat eine ganze Menge kleiner Nebenthäler zu beiden Seiten, deren grösstes von dem Helmbache durchströmt, sich weiter oben, nahe der Ruine Breitenstein öffnet. Das stille, überaus dünn bevölkerte Elmsteiner Thal, zieht sich bis hinauf auf dem ca. 570 M. hohen Eschkopf, bei dem auf der Wasserscheide das einsame Forsthaus Johanniskreuz steht. Eine Anzahl Mühlen beleben das einsame aber schöne Thal und einige ärmliche Dörfchen berührt hier der Wanderer. Aber herrlicher Wald, aus dem zuweilen Burgruinen heraustreten und saftige Wiesen erfreuen das Auge; weiter oben im Thale wird die Umgebung wilder. Von Frankeneck in 1 St. erreicht man l. die Ruine Spangenberg, r. die des Erphenstein, einst Sitze ritterlichen Raubgesindels. Der Spangenberg besonders hat ein höchst wildromantisches Aussehen, weniger der Erphenstein, dessen Thurm wieder zugänglich gemacht worden ist. Was man von der Geschichte dieser Burgen weiss, ist ohne Bedeutung, dagegen haftet die Sage in den verschiedensten Formen an ihnen, wobei hier, wie oft, die unglückliche Liebe ritterlicher Nachbarskinder eine Rolle spielt.

Weiter aufwärts im Thale liegt die Ruine Breitenstein und dann das Dorf Appenthal. $^1/_2$ St. weiter, mitten im Thale liegt Dorf Elmstein, dabei auf der Felsenhöhe die Ruine gl. Namens, um welche sich einige Häuser des Ortes hübsch gruppiren. Die Waldungen dieser Gegend sind wohl die bedeutendsten der Pfalz.

Von **Lambrecht** nach **Kaiserslautern**. Hier beginnt die interessanteste Strecke dieser ·Linie. Curve reiht sich an Curve und rasch folgen sich die 12 Tunnel dieser Bahnlinie, die von hohen Bergen, zuweilen mit Burgen gekrönt, beschattet wird. Zwischen den Bergen tauchen freundliche Wiesenthäler auf; an die waldbedeckten Berge lehnen sich mächtige Steinbrüche; an den Ufern des Hochspeyerbaches liegen Fabriken und Sägemühlen, wo nur das enge Thal Raum zu solchen Anlagen gestattet. In bedeutender Steigung überschreitet die Bahn oft die Chaussée, im Tunnel in gerader Richtung den Fels durchschneidend, den die Chaussée auf langem Umwege umgehen musste. 12 Tunnel liegen auf dieser Bahnlinie, unter denen der Heiligenberg-Tunnel bei Hochspeyer, 1300 Mtr. lang ist; 42mal wird der Bach überschritten. Man darf wohl sagen, dass diese ganze Gebirgsbahn **ein** Kunstbau ist. Nächst Lambrecht liegt das Dorf **Neidenfels** mit der Burgruine gl. N., dann folgt Stat. **Weidenthal**, dann Stat. **Frankenstein** (das **Jäger-** oder **Isenachthal** s. w. u.) mit der auf rothen Sandsteinmassen ruhenden, dem Staate gehörenden Ruine gl. N.; einst gehörte die Burg dem Leiningenschen, dann Nassau-Saarbrückischen Geschlechte; gegenüber ein wilder, die „Teufelsleiter" genannter Fels. Nahe beim Bahnhof Frankenstein gelangt man in ein kleines Seitenthal, in diesem, um eine Ecke biegend, hat man plötzlich die auf steilem Fels thronenden Ruine *Diemerstein vor sich. Herr von Denis, der Erbauer dieser Eisenbahn, umgab dieses sein Besitzthum mit Anlagen, machte die Burg wieder zugänglich und gründete in einem am Fusse des Berges liegenden Landhause sich ein stilles Asyl, jetzt von einer Mannheimer Familie bewohnt. Bei der nächsten Stat. **Hochspeyer** verliert sich der romantische Character der Gegend und auf der Hochebene setzt der Zug seinen Lauf fort. Bei Stat. **Hochspeyer** (Gasth. *Häberle, einfach) zweigt die

Kaiserslautern.

Alsenzbahn nach Münster a. St. ab. (Siehe Abschnitt Hochspeyer - Münster a. St.) Gleich hinter der Station tritt der Zug in den durch den Heiligenberg geführten ⅓ St. langen Tunnel. Er durchschneidet die Wasserscheide der Wasichenfirst. Nächste Stat. ist **Kaiserslautern**. Post nach Otterberg bis Meisenheim; nach Pirmasenz, Lauterecken und nach Reichenbach.

Gasthöfe. *Schwan. Hôtel Karlsberg, Omnibus am Bhf., Hôtel Krafft, Hauptsr, letztere beiden 2. Ranges. Café Krämer, Hauptstr. Fritz, Carra. Ausserdem zahlreiche Restaurationen, meist mit gutem Bier.

Kaiserslautern, an der Lauter, liegt nicht in einer romantischen Gegend, die Touristen zu fesseln vermöchte, dagegen ist K., Stadt mit 18,200 Einw., von mancher geschichtlichen und in neuerer Zeit auch commerciellen Bedeutung. K. ist alt und war als Mittelpunkt des grossen Reichswaldes und Jagdgebiets ein Lieblingssitz des Kaisers Friedrich des Rothbart, der hier eine Kaiserburg hatte; 1702 wurde diese von den Franzosen gesprengt, an ihrer Stelle steht jetzt das Zuchthaus. Wie die meisten pfälzischen Städte erlitt auch K. unsäglichen Jammer in allen am Rheine ausgefochtenen Kämpfen und seine Umgegend ist berühmt durch mehrere hier gelieferte Schlachten, deren bedeutendste die dreitägige bei dem nahen Moorlautern (1793) des Herzogs von Braunschweig gegen General Hoche war. K. zählt sehr bedeutende Fabriken, sowie eine Baumwoll- und Kammgarnspinnerei, ein Eisenwerk, Ultramarinfabrik, Düngerfabrik und Bessemer Stahlfabrik, sowie mehrere Bierbrauereien von nicht unbedeutendem Ruf.

Die alte Stiftskirche und die Fruchthalle sind zu beachten. Handel und Industrie haben sich bedeutend gehoben und sind im fortwährenden Steigen begriffen.

38 Landstuhl.

Für Architecten sehr interessant ist das etwa anderthalb Meilen von Kaiserslautern entfernte Otterberg, durch die noch grossentheils erhaltene Kirche der 1144 gegründeten Cisterzienzerabtei Otterberg, deren Kirche Anfang des 13. Jahrhunderts vollendet wurde und sehr grosse Dimensionen hat; sie ist eine gewölbte Pfeilerbasilica, 81 Mtr. lang, hat ein sehr reich gegliedertes Westportal und Vorhalle und Reste des ehemaligen Kreuzganges.

Kaiserslautern - Neunkirchen 5,6 FZ. 1^5—1^{30}.

Durch den Reichswald führt die Bahn, r. am grossen „Landstuhler Bruch", l. an bewaldeten Abhängen vorbei, welche sich zu der fruchtbaren „Sickinger Höhe" erheben, über Landstuhl und Hauptstuhl nach Bruch-Mühlbach. In der Mitte dieses einförmigen Bruches und des Höhenzuges, welcher von einigen, durch mächtige Felspartieen, romantischen Seitenthälern quer durchschnitten wird, liegt **Landstuhl**, Stadt mit 3000 E., (Gasth. *Engel (Ganning), am Fusse der Burg; Omnibus a. Bhf.; *Burchard, a. Bhf., einfach), neben welcher die Ruinen der ehemaligen Sickingen'schen Veste *Landstuhl, früher Nanstein oder Nanstuhl, liegen. Besuch lohnend (Wärter oben) wegen der schönen weiten Fernsicht bis zum Donnersberg und der characteristischen Bauart dieser ehemaligen Festung. Bei der Beschiessung derselben durch die, gegen Franz v. Sickingen verbündeten Kurfürsten von Trier und von der Pfalz und dem Landgrafen von Hessen, fiel Franz, „der letzte deutsche Ritter" im furchtlosen Kampfe für das deutsche Kaiserthum gegen Fürstenmacht am 7. Mai 1523.

Nach dieser ersten Beschiessung wieder hergestellt, brachte französische Pfalzverwüstung dieser Veste die zweite Zerstörung, 1688 u. 1689, seit welcher sie in Ruinen lag. Nach verschiedenen Ausgrabungen und Ausbesserungen, liess der gegenwärtige Besitzer der Ruinen, Herr Commerzienrath Stumm in Neunkirchen, 1869 von der Burg, nach archivalischen Urkunden den früheren Umfang und Abschluss wieder herstellen und widmete dem Andenken des „letzten Ritters"

Kusel. 39

eine Portraitstatue in einer im Schutt aufgefundenen grossen Wasserschale. Ein zweites Denkmal steht in der Ortskirche, wo Franz begraben liegt, von seinen Söhnen errichtet und vom historischen Verein der Pfalz wiederhergestellt.

Von Landstuhl führt dem Mohrbach u. Glan, sowie später dem Kuselbach entlang, eine im August 1868 dem Betrieb übergebene Zweigbahn über Stat. Ramstein, Steinwenden, Niedermohr, Glan-Münchweiler; hier tritt sie in das Glanthal, in welchem sie bis Altenglan bleibt, Rehweiler, Eisenbach, Theisbergstegen (hier der Remigiusberg, auf dem sich früher ein Benedictinerkloster befand, von welchem sich nur mehr wenige Spuren erhalten haben; Kirche und Pfarrhaus auf dem Remigiusberge). Dem Remigiusberg gegenüber erblickt man den Potzberg mit früher lebhaft betriebenem Quecksilberbergbau; hier befinden sich treffliche Basaltsteinbrüche, deren Ausbeute hauptsächlich nach Berlin und München als Pflastersteine versendet wird. Die Aussicht von der Höhe ist vorzüglich. Es folgt dann über Station Altenglan und die wegen der bedeutenden hier befindlichen Diorit-Steinbrüche errichteten Haltestelle Rammelsbach, Kusel. Landstuhl-Kusel 1 St. 30 Min. FZ. 1,25.

Kusel mit 2835 Einw. (Gasth. Mainzer Hof bei Lammert) a. Markt, Post von Altenglan nach Lauterecken und Meisenheim, nach Jettenbach und Wolfstein; von Kusel über Baumholder nach Heimbach (Stat. der Rhein-Nahe-Bahn) in 2¼ St. In der Nähe liegt die Ruine Lichtenberg, eine der grössten Burgruinen Westdeutschlands. Die Viehzucht ist in dieser Gegend bedeutend.

Die EB. führt, von Landstuhl zwischen dem Landstuhler Bruch und der Sickinger Höhe fortlaufend, das Flussgebiet des Glan's berührend, von Landstuhl über die Stat. Hauptstuhl u. Bruchmühlbach nach **Homburg**. (Hôt. *Dümmler.) Auf dem Schlossberge standen die Ruinen der Hohenburg; von den Franzosen befestigt (Hombourg la forteresse), später geschleift; stattliche 1840 erbaute kath. Kirche. ½ St. von hier befinden sich die Ruinen des Lustschlosses **Karlsberg**. Der letzte Herzog von Zweibrücken liess hier mit einem Aufwande von 14 Mill. Gulden ein Schloss bauen mit Parkanlagen, wie sie nur der überreizte Genuss ersinnen konnte. Das Volk litt Hunger, während der Herzog hier 1500 Pferde und 700

Hunde füttern liess. Es war ein Freudenfeuer für die ganze Gegend, als die Franzosen 1793 das Schloss einäscherten.

Von Homburg (Post nach **Waldmohr** und **Münchweiler**) führt eine Zweigbahn über die Stat. **Schwarzenacker** und **Einöd** in 25 Min. nach **Zweibrücken**, aus welcher wieder eine andere Seitenbahn, bei Schwarzenacker nach St. **Ingbert** (Homburg—St. Ingbert FZ. 1^{10}—1^{30}), nahe bei Saarbrücken, führt.

Zweibrücken (8300 E.), in freundlicher Lage im Thale des Schwarzbaches, war einst Residenz der Pfalz-Zweibrücker Herzöge, ist jetzt Sitz des höchsten pfälzischen Gerichtshofes. (Gasth. Pfälzer Hof, Zweibrücker Hof; Omnibusverbindung mit Pirmasens, Annweiler, Bergzabern, Landau, Hornbach, Waldfischbach und Wallhalben). Bedeutend sind hier einige Maschinenfabriken. Das Residenzschloss der Zweibrücker Fürstenlinie, aus der das bayerische Königshaus stammt, 1793 von den Franzosen zerstört, wurde restaurirt, und ist jetzt Justizpalast. Zweibrücken war Druckort der „Editiones Bipontinae" einer berühmten, jetzt selten werdende Ausgabe griechischer und römischer Classiker. Nahe bei Z. liegt die jetzt verfallene Anlage „Tschifflick." Hier war einst der reizende Sommersitz des Polenkönigs **Stanislaus Lescynsky**, dem der aus dem Zweibrücker Fürsten-Geschlecht stammende Schweden-König Karl XII. hier ein Asyl gewährte.

Die Zweigbahn von Schwarzenacker führt über Station Bierbach, Blieskastel, Lautzkirchen. **Blieskastel** im Bliesgau, röm. Ursprungs, (1627 Einw. *Gasth. v. Lamarche) war früher Residenz der Grafen v. der Leyen; das Schloss derselben wurde in der französischen Revolution zerstört, doch finden sich noch viele Gebäude vor, die an die frühere Niederlassung dieser Grafen erinnern. — Folgen die Stat. **Würz-**

bach und **Hassel**, dann **St. Ingbert** (7824 Einw.) in der westlichen Ecke der Pfalz, ist bedeutend durch Bergbau, hauptsächlich durch Kohlen, und Industrie. Glas- und Eisenhütten, Maschinenwerkstätten und Walzwerke beleben den Verkehr. (Gasth. zur Post; Hôtel Lauer. Nach Saarbrücken 2mal Post in $1^3/_4$ St.)

Von Homburg führt die EB. über die Grenzstation **Bexbach** in 20—30 Min. nach der auf preussischem Gebiete liegenden Endstat. **Neunkirchen**. Sie ist Knotenpunkt für die pfälzische Ludwigs- (Bexbacher), die Rhein-Nahe- und Saarbrücker Eisenbahn, (Gasthaus bei Jochum; zur Post bei Marx, a. Bhf.) Bei N. liegt das grosse Eisenhüttenwerk der Gebr. Stumm mit Hochöfen und Walzwerken, durch eine Zweigbahn mit der Stat. N. verbunden. Dabei ein stattlicher Park mit freundlichen Anlagen und Promenaden. Wir befinden uns hier mitten in dem hochbedeutsamen **Saarkohlenrevier**, welches eine Ausbeute von jährlich etwa 70 Mill. Centner Steinkohlen liefert. An der Bahn nach Saarbrücken reihen sich in beinahe ununterbrochener Kette Kohlenzechen, Hüttenwerke und Fabriken. 4,11 Meilen lang und von der pfalz-bayerischen Grenze von Neunkirchen bis Forbach im Reichsland sich erstreckend ist die kgl. Saarbrücker EBahn die Verbindung der ehemals französischen Ostbahn, jetzt Reichsbahn mit der pfälzischen Ludwigsbahn und der Rhein-Nahebahn. Zahlreiche Seitenbahnen, im Ganzen etwa $2^1/_2$ Meilen lang, vermitteln den Verkehr zwischen den Gruben und der Hauptbahn.

Hinter **Neunkirchen** durchläuft die EB. den **Bildstocktunnel** und erreicht dann die Stat. **Reden** (mit der Grube gl. N.) und **Friedrichsthal**. Es folgt Stat. **Sulzbach**; bei Stat. **Dudweiler** befindet sich der sogen. „brennende Berg", ein an 4 Mtr. mächtiges glimmendes Kohlenflötz, dessen Feuer durch Abbau benachbarter Flötze beherrscht wird.

St. Johann-Saarbrücken.

rivalisirende Schwesterstädte, (Saarbrücken 7250 Einw. incl. Milit.; St. Johann 9143 E.) werden durch die Saar getrennt und sind als Stadtgemeinden jede für sich selbstständig, für den Besucher jedoch ein Ganzes.

Der Bhf. liegt in St. Johann. Von hier führt die
Saarbrücker EB. bis Forbach (1,30 Meil.), dann Reichsbahn bis Metz; die Saarbrücker Trier-Luxemburger EB.
nach Trier und Luxemburg 11,59 Meil.; nach Saargemünd
(2,27 Meil.) und Hagenau-Strassburg.
Fahrzeiten: Metz $1^{45}-2^{35}$, Kreuznach $2^{53}-3^{28}$, Trier
2^{23}, Ludwigshafen $3^{44}-4^{45}$.

Postexpeditionen: Auf dem Bahnhof in St. Johann und
in Saarbrücken auf dem Ludwigsplatze.

Reichstelegraphenstation in Saarbrücken (in der Nähe
der neuen Brücke.)

Gasthöfe. In St. Johann: Hôtel *G u e p r a t t e, am
Markt, Hôtel H a g e n, in unmittelbarer Nähe des Bhfs.,
auch Bier. Hôtel Z i m m e r m a n n in der Stadt. *R h e i n is c h e r H o f (Reinhold), auch Bier; Hôtel P f l u g (auch
Bier); die beiden letzteren in der Bahnhofstr. In Saarbrücken: H ô t e l z u r P o s t (Zix.)

S a a r b r ü c k e n's Gründung dürfte schon zur Zeit der
Römerherrschaft (Pons Sarae) geschehen sein; in den letzten
Jahrhunderten war es Residenz der Saarbrücker Dynasten,
von denen einige ihrer Verschwendung wegen nicht in gutem
Andenken stehen. Das S c h l o s s wurde von dem Fürsten
W i l h e l m H e i n r i c h († 1786) erbaut; die L u d w i g sk i r c h e u. S c h l o s s k i r c h e sind der Besichtigung werth.
St. Johann wird mit Saarbrücken durch 2 Brücken verbunden, wovon die ältere inmitten der beiden Städte liegt, die
neue in der Nähe des Bhfs.

Mit der dauernd zunehmenden Ausbeute der Kohlengruben des Saarreviers und der in gleichem Masse fortschreitenden Entwickelung der hohen Industrie, ist die merkantilische und industrielle Bedeutung beider Städte in fortwährender Zunahme begriffen.

Das Schlachtfeld von Spichern. (Guter Plan und
Beschreibung des Schlachtfeldes, sowie vorzügliche photogr.
Ansichten desselben in Siebert's Buchhdlung.) Von St. Johann
über eine der 2 Brücken in 25 Minuten zu dem hochgelegenen, weit sichtbaren und Saarbrücken beherrschenden
Exercierplatz, (westlich an der Höhe der Chaussée bei
einem kleinen Wirthshause, 10 Min. von den letzten Häusern der Stadt, r. ab in 2 Min.) von welchem aus franz.
Geschütze ihre Geschosse nach St. Johann, und dort hauptsächlich nach dem Bahnhofsgebäude warfen. Ein kleiner

Denkstein mit der Inschrift „Lulu's erstes Debut", bezeichnet die Stelle wo Napoleon seinen Sohn selbst ein Geschütz auf die wehrlose Stadt abfeuern liess. (Der ursprüngliche Lulustein ist von Raritäten suchenden Fremden total zerstört und an dessen Stelle von Saarbrücker Bürgern 1873 ein neuer gesetzt worden.) Von hier zurück zur Chaussée; in 5 Min. r. von derselben das **Ehrenthal**, Gräberstätte für Hunderte, ihren Wunden in Saarbrücken erlegener Krieger. Die Gräber, wie zum Theil sehr schöne Denkmäler liegen inmitten hübscher Anlagen, welche von einem Hügel beherrscht werden, auf dem eine prachtvolle Statue der Germania mit Lorbeerkranz errichtet ist. Am Eingange Denkmal des 53. Regts. Die Spicherer Berge hat man in kaum ½stündiger Entfernung vor sich, r. an der Chaussée das „Folster Zollhaus" und weiterhin die „goldene Bremm", letztere vor der Schlacht am 6. Aug. 1870 das Hauptquartier des Generals Frossard. Weiter r. sieht man die hohen Schornsteine von **Styringen** und den Thurm von **Forbach**. Kurz vor Styringen an der Waldecke das Denkmal d. 77. Regts., r. d. Chaussée nach Forbach. Kurz vor dem Forster Zollhaus geht l. ein Feldweg auf den durch 3 Denkmäler leicht kenntlichen mittleren Berg zu; derselbe bildete das Centrum der Schlachtlinie. (Führer unnöthig.) Am Fusse des Berges viele Gräber. Von hier die kleine, aber steile Höhe hinauf zu dem, den Gefallenen vom 74. Reg. errichteten Denkmal. Weiter oben die Denkmäler vom 39. u. 40. Reg. Man kann die ganze Tour mit Aufenthalt, von Saarbrücken aus zu Fuss bequem in 3—4 St. machen.

Nahe bei Saarbrücken, rechts von der Chaussée nach St. Arnual, liegt der **Winterberg**, von dem treffl. Umblick auch über das Gefechtsfeld gestattet ist; ein hier als Erinnerung an die Jahre 1870/71 zu errichtendes grosses Nationaldenkmal ist im Bau begriffen.

Das Alsenzthal.

Linie Hochspeyer-Münster.

Durch dieses freundliche Thal führt seit Mai 1871 die **Alsenzbahn**, (S. 6.) welche die kürzeste Verbindung zwischen dem Mittelrheine und der westl. Pfalz u. Elsass bildet (Hochspeyer-Münster FZ. 1^{18} bis 1^{55}); sie erschliesst mehrere und interessante Punkte einem bequemeren Verkehr. Die Bahn hat eine Länge von 6,66 Meilen und mehrere Tunnel; in Münster a. St. (s. u.) schliesst sie an die Rhein-Nahebahn, in Hochspeyer an die pfälzische (Bexbacher) Bahn (S. 6) an. Gleich von Hochspeyer ab beginnt eine erhebliche Steigung bis zum Enkenbacher Tunnel auf der Höhe des Bergzuges. Waldungen von Laub- und Nadelholz, unterbrochen von grossen Steinbrüchen zu beiden Seiten. Erste Station bei Dorf E n k e n b a c h, dessen alte Klosterkirche architectonisch von Interesse ist. Das Blätterwerk des Portals bezeichnet Riehl als „ein ausgesuchtes Cabinetstück fein und geistvoll stylisirter Bildhauerei", der ganze romanische Bau ist höchst reparaturbedürftig. Es folgt Stat. S e m b a c h - N e u - H e m s b a c h. Bei der nächsten Station L a n g m e i l - M ü n c h w e i l e r sieht man r. den mächtigen, mit dem Ludwigsthurme gekrönten Donnersberg. Langmeil-Münchweiler ist zugleich Station der Donnersbergsbahn, (S. u.) Es folgt dann W i n n - w e i l e r, ein sehr freundlich gelegenes Städtchen, einst Hauptort der österreichischen Herrschaft Falkenstein. Von Winnweiler (Gasth. z. Donnersberg; z. Pfalz) läuft der Zug stets am Ufer der Alsenz, im freundlichen Thale weiter, passirt in wenigen Minuten das Freih. v. Gienanth'sche Eisenwerk, (r.) H o c h s t e i n, zwischen welchem und dem Df. Schweissweiler das Falkensteiner Thal mündet (s. u.) In der Nähe (rechts) einige groteske Felspartieen. Es folgt Station I m s w e i l e r, dann das Städtchen R o c k e n - h a u s e n (Gasthaus z. deutschen Hause; Rest., auch einige Logirzimmer bei Ammann a. Bhf.; Wagen — deren überhaupt nur 1 oder 2 zu haben — nach dem Donnersberg zu 7—10 fl.; vorher accordiren.) FZ. von Bingerbrück 2—3 St., von Münster a. St. 35—60 M. von Winnweiler 14—18 M.

Der Donnersberg.

Der Aufgang zum Donnersberg findet entweder aus dem Alsenzthal oder von Alzey her statt, von beiden Seiten jetzt bequem zu erreichen. Im Alsenzthal ist bei **Rockenhausen** der bequemste Aufgang, so dass ein guter Fussgänger in einem Tage nicht allein den Donnersberg besuchen, sondern auch die leicht anzuknüpfende Partie durch das Mordkammer- und Falkensteiner Thal ausführen kann. Der Aufgang von Winnweiler durch das Falkensteiner Thal und die Mordkammer ist oft sehr steil und beschwerlich, während von Rockenhausen aus Chaussée bis Dannenfels, nahe am Gipfel des Donnersberges, führt.

<small>Die Donnersbergbahn führt etwa 2 St. vom Gipfel des Berges entfernt vorbei. Am Besten wird der in der Richtung von Alzey Kommende die Bahn in Maruheim oder Kirchheimbolanden verlassen. Von Kirchheimbolanden 2, von Marnheim 1 und dreiviertel St. bis Dannenfels, Fahrstr. nicht zu fehlen. Die von Langmeil her Kommenden verlassen den Zug in Börrstadt (s. Abschnitt „Donnersbergbahn").</small>

Von Rockenhausen auf guter Chaussée östl. bis vor die Stadt, wo sie links nach Dielkirchen. r. nach Kirchheimbolanden führt (Wegweiser); auf letzterer Strasse in 1¹/₂ St. bequem bergan nach dem Dorf **Marienthal** mit hübscher neuer Kirche. Erst vorn, dann l. sieht man die hochgelegene Burgruine **Ruppertsecken**, r. den Donnersberg. Von Marienthal bis zum **Bastenhaus** (Wegw.) ¹/₂ St.; kurz vor demselben theilt sich die Chaussée, l. nach Kirchheimbolanden, r. nach ***Dannenfels**, das man durch einen Wald (schöner Durchblick nach der Gegend von Alzey, Worms u. s. w.) von meist Edelkastanien, vom Bastenhaus aus in ¹/₂ St. erreicht. Gasth. bei *Gümbel, einfach. u. gut. Restauration bei Lander.

<small>Man kann auch schon von Marienthal aus den Berg besteigen, jedoch nur mit Führer; über Dannenfels ist der Weg weit bequemer und mit nur geringem Umweg verbunden; die von Marienthal aus den Berg Besteigenden wollen nicht übersehen, beim Wirth Doerr daselbst den Schlüssel zum Ludwigsthurm mitzunehmen, den der Führer zurückbringt; auch vom Bastenhaus führt ein Fahrweg (Wegweiser) nach dem Donnersberg.</small>

Von Dannenfels bis hinauf auf den Berg ist ein Führer nur des bei Wirth Gümbel mitzunehmenden Schlüssels wegen, nothwendig. Nahe dem Gasthaus leitet der Weg, mit Wegweisern „Nach dem Hirtenfels" versehen, in 25 M. hinauf; vom Hirtenfels in 5 Min. zum Ludwigsthurm, von da in 10 Min. zu dem schon sichtbaren Königsstuhl. Wer nicht das Mordkammer- und Falkensteiner Thal besuchen will, geht von hier nach Dannenfels oder Marienthal zurück.

Der *Donnersberg (722 Mr. ü. d. M.) ist einer der höchsten Berge der Pfalz, von Tacitus Mons Jovis genannt, hat ein ausgedehntes Plateau, das jetzt mit jungen Tannen bewaldet, von den Resten einer 4303 Mr. im Umfang haltenden Steinumwallung umgeben ist, ähnlich der, wie man sie auf dem Teufelsfelsen bei Dürkheim, dem Altkönig im Taunus u. a. O. findet. Dass Römer auch hier haussten, beweisen hier aufgefundene Denksteine, Münzen u. dergleichen. Im Mittelalter stand an der Stelle des jetzigen Waldhauses das St. Jacobs-Kloster.

Die schönsten Aussichtspunkte sind die oben genannten; der Hirtenfels mit herrlichem Blick nach der Rheingegend, r. der Dom von Speyer; bei hellem Wetter sieht man den Rhein selbst an mehreren Punkten, während vom Königsstuhl vorzüglicher Fernblick in die Gebirgswelt der westlichen Pfalz, des Hoch- und Idarwaldes und des Hundsrückens gestattet und von dem 1864 errichteten Ludwigsthurm nach allen Seiten freier Umblick erlaubt ist. Jedenfalls zählen die Aussichten des Donnersbergs mit zu den, die schönsten Panoramen enthaltenden der Pfalz. Nahe dem Thurm liegt das Waldhaus, wo im Sommer frugale Erfrischungen zu haben sind.

Am Donnersberg liegen die kaum noch sichtbaren Reste der Burgen Dannenfels, Wildenstein und Hohenfels, von Touristen nicht besucht.

Vom Königsstuhl (unbedingt mit Führer, der in diesem Falle von Dannenfels mitzunehmen ist) durch herrlichen Hochwald steil hinab in das Mordkammerthal; enges Waldthal, an dessen Rande, am Fusse der Kuppe des Donnersberges, der Mordkammerhof liegt; hier trefflicher Blick auf Dorf und Ruine Ruppertsecken. Jetzt nach Dorf und Ruine Falkenstein. Vom Königsstuhl bis hierher 1¼ Stunden.

Die Lage der *Ruine Falkenstein, Eigenthum des Hrn. v. Gienanth, ist höchst malerisch bei dem Dörfchen gl. N., das sich neben den auf mächtigen steilen Felswänden thronenden Ruinen, bis in den Thalkessel hinabzieht. 1135 kommt diese Veste zuerst urkundlich vor; als Herr v. Falkenstein wird 1233 ein Philipp von Bolanden genannt, der nun als Philipp I., eigentlich Gründer der hiesigen Linie wurde. Er war Hüter der auf dem Trifels aufbewahrten Reichskleinodien und der deutsche König Richard Cornwallis heirathete dessen Tochter. Durch Heirath und Erbschaft wuchs der Besitz der Falkensteiner bedeutend, bis die Falkensteiner Linie sich theilte und diese Burg 1456 an Wyrich von Daun und Herrn von Oberstein, dessen Nachkommen sich Graf von Falkenstein nannten, kam. Später kam Burg und Gebiet an Lothringen und dann an Oesterreich, welches Falkenstein nebst einer Anzahl, unter ein Oberamt in Winnweiler vereinigter Dörfer, bis gegen Ende vorigen Jahrhunderts, besass. Die Burg hatte schon im 30;r. Kriege sehr gelitten. 1647 wurde sie von den Franzosen vollends gesprengt.

Von hier ab ist ein Führer nicht nöthig. Der Weg führt auf Fahrstrasse in dem anmuthigen Falkensteiner Thal in ⅜ St. an den Wambacher Hof, an das Eisenwerk Hochstein (S. 44) und in ¾ St. nach Stat. Winnweiler. Wer bei Stat. Imsweiler die Bahn erreichen will, geht vom

Wambacher Hofe aus über **Schweissweiler** in 1 St. nach **Stat. Imsweiler.**

Von **Falkenstein** aus kann man auch direct über den Berg, jedoch nur mit Führer, der in Falkenstein für 12—24 kr. zu haben ist, in etwa 1¼ St. nach **Rockenhausen** gelangen. Von Rockenhausen führt die E.-B. über die Stat. **Dielkirchen, Bayerfeld-Cölln** (r. Ruine Stolzenberg) und **Mannweiler** (oben Ruine Randeck) nach dem Städtchen **Alsenz** (Post über Obermoschel nach Meisenheim in 2 St.), in dessen Nähe werthvolle Sandsteinbrüche liegen.

Von Alsenz auf Chaussée in einem Seitenthale in ½ St. über **Niedermoschel** nach dem Städtchen **Obermoschel,** (Telegr. Stat.) bei dem sich der mit den Ruinen der **Moschel-Landsburg** gekrönte Berg erhebt. Hier befinden sich mehrere ausgebeutete, daher verlassene Quecksilbergruben. Die Burg war im 17. Jahrhund. zeitweise Residenz Zweibrücker Fürsten, und wurde 1689 von den Franzosen zerstört. Die Aussicht über die nähere Umgebung ist interessant, Fernsicht beschränkt.

Die nächste Stat. ist **Hochstätten**, dann **Altbaumberg**; bei dem Dörfchen liegen die Ruinen des Raugrafenschlosses *Altbaumburg, (Rest.) im Sommer viel besucht. Die Linie der Altbaumburger Raugrafen erlosch 1358, und es ging durch Verkauf, Verpfändung, Erbschaft, der Besitz durch viele Hände, zuletzt an den Fürsten v. Isenburg, der es aber nur wenige Jahre, von 1779 an, bis zur ersten französischen Revolution besass. Die Aussicht nach der Ebernburg und dem Rothenfels ist schön. Die, eigentlich aus drei verschiedenen Bauten bestehende Burg, wurde wahrscheinlich im Bauernkriege zerstört; 1482 war sie, wie geschichtlich nachgewiesen wird, bereits zum Theil Ruine.

Die Altbaumburg.

Gegenüber der Burg steht ein zerfallener Thurm, der Rest der Burg **Treuenfels**.

Nächste Stat., hart an der bayrischen Grenze, ist **Ebernburg**; hier liegt auf nicht hohem Bergkegel, bequem zu ersteigen (10 Min.), die ***Ebernburg**.

Diese gehörte einst den rheinfränkischen Fürsten und salischen Kaisern und gelangte im Mittelalter an die **Sickingen**, 1750 an Kurpfalz und 1816 an Bayern. Die E. wurde berühmt durch **Franz v. Sickingen**, der auch hier längere Zeit **Ulrich v. Hutten** beherbergte, der die Burg die „Herberge der Gerechtigkeit" nannte. Hierher liess dieser seine Buchdruckerpresse vom Schloss Steckelberg bringen und veröffentlichte mehrere seiner berühmten an das deutsche Volk gerichteten Streitschriften. **Schwebel** las hier die erste Messe in deutscher Sprache. Nach Franz v. Sickingen's Falle auf seiner Veste Landstuhl (S. 38) wurde auch die Ebernburg zerstört; in die Ruinen sind moderne Gebäude, Gastzimmer und Rest.-Lokale enthaltend, hineingebaut. Der an 100 Mtr. tiefe Brunnen hatte mehrere ausserhalb der Umwallung mündende Ausgänge, die der Besatzung als Weg zur Flucht, oder für Befreundete als Eingang dienen konnten. Der Besuch von Touristen, sowie von Kurgästen aus Kreuznach und Münster ist an schönen Sommertagen von Morgens bis Abends kaum unterbrochen. Die Fernsicht ist zwar beschränkt, nichts destoweniger der Blick nach dem Münsterthal, dem Rothenfels und der Altbaumburg ausgezeichnet. (Auf der Burg Rest.)

Am Fusse des Burgberges liegt Df. **Ebernburg** (Bier und Rest. in Günther's Brauerei und im Sickinger Hof; Wein bei Schneider), durch welches der Fahrweg (25 Min.) auf die Burg führt.

Seitenpartie nach Ruine *****Montfort und dem Lemberg.**
Von der Ebernburg über Bingart in nahe 2stündlicher Fusswanderung zu den Ruinen des auf einem Bergkegel am Fusse des Lembergs liegenden Raubschlosses Montfort (ländl. Bewirthung unten im Montforter Hofe). Der Eingang in das Innere der Ruine ist durch ein Mauerloch; das Ganze trägt einen unheimlichen düsteren Character. Die Burg wurde von den Grafen v. Veldenz erbaut, und u. A. den Rittern von Montfort zum Schutz übergeben (Ganerben), diese wie andere „Gemeiner" der Burg trieben Raub und Plünderung so arg, dass endlich die Kurfürsten von Mainz und der Pfalz das Raubnest 1456 belagerten und zerstörten. Der **Lemberg** (408 Mr.) bietet nur in nördl. und nordöstl. Richtung gute Fernsicht über einen Theil des unteren Nahethales und den Soonwald. Wer den Lemberg und Montfort besucht, geht von Bingart zuerst auf den Lemberg (mit Führer von Bingart aus) in 1½ St.; dann herunter nach Montfort in ¾ St. Von Münster oder Ebernburg aus erfordert die Partie ½ Tag.

Auf einer eisernen Brücke — auch für Fussgänger, Brückengeld 1 kr., und für Fuhrwerk — überschreitet der Zug die Nahe und die bayrische Gränze und läuft, nachdem er einen tiefen Felseneinschnitt passirte, in der Endstat. **Münster a. Stein,** ein.

Reisende, von Kreuznach oder vom Rhein kommend, die die Ebernburg besuchen wollen, aber in Münster nicht sogleich Anschluss finden, thun besser, den kurzen Weg (10 Min.) zu Fuss zurückzulegen.

Münster am Stein.
Knotenpunkt für die Rhein-Nahe- und Alsenzbahn. FZ. Bingerbrück 30—45, Kreuznach 10—15, Saarbrücken 3½—4 St. Rockenhausen, 45—55 Min. Hochspeyer 1,30—1,50, Kaiserslautern 2—2¼ St. **Gasthöfe.** *****Kurhaus** (L. Schmuck); *****Hôtel Loew**; beide nur im Sommer geöffnet. **Adler**; *****Hôtel Stolzenfels** (S. Gebhard); *****Hôtel Baum**; **Victoria-Hôtel**; (W. Gebhardt) a. Bhf. **Stadt Paris**; (Schlamp); Gasth. **Rheingrafenstein** (Stierle), sämmtl. nahe dem Bhf. Ausserdem eine Anzahl Bade- und Logirhäuser zur Aufnahme von Kurgästen.

Münster a. Stein.

*Münster a. St., Dorf mit Saline, in höchst romantischer Lage, früher Staatseigenthum, seit 1872 im Besitz der Gemeinde Münster, ist seit längerer Zeit in die Reihe der Badeorte eingetreten; seine Soolquellen haben denselben Gehalt, wie die von Kreuznach, welches in balneologischer Beziehung auch mit den benachbarten hess. Salinen und Münster gewissermassen ein Ganzes bildet.

Für den Besuch des Rheingrafenstein übersetzen über die Nahe (4 Pfen.), dann im Huttenthal steil hinauf in etwa 30 Min. In Bezug auf Fernsicht gebührt in der Umgebung von Kreuznach und Münster zwar der „Gans" der Preis, allein in anderer Beziehung nicht minder beachtenswerth ist der *Rheingrafenstein. Die Rheingrafen wurden ihrer Güter im Rheingau (Rheinberg bei Lorch,) verlustig erklärt und nahmen nun ihren Sitz hier. Strafe wegen Raubes hatte sie aus dem Rheingau vertrieben, aber auch hier setzten sie dies Gewerbe fort, bis Johann II. von Sponheim die Oeffnung des Raubnestes erzwang. Die Burg wurde 1689 von den Franzosen zerstört. Der Rheingrafenstein besteht aus zwei imposanten Porphyrfelsen, die aus schwindelnder Höhe beinahe senkrecht zur Nahe hinabgehen und von denen einer mit den Ruinen gekrönt ist. An den R. knüpfen sich verschiedene Sagen, von denen die von G. Pfarrius poetisch bearbeiteten (der Trunk aus dem „Riesenstiefel" und die von der Gründung der Burg erzählende) auch in weiteren Kreisen bekannt sind. Vom Rheingrafenstein weiter auf Waldweg zur *Gans; sie ist ein Felsenkopf (321 Mtr. ü. d. M.) mit prachtvoller Fernsicht über einen Theil des Nahethales, nach dem Donnersberg, dem Odenwald (Melibocus).

Zum *Rothenfels (316 Mtr. ü. d. M.) führt von Münster in Serpentinen ein ziemlich bequemer Fusspfad (nicht zu fehlen, 25 M.). Die Aussicht nach allen Richtungen ist vorzüglich, besonders in die Klüfte des Felsens selbst und in die Tiefe. Die Felspartieen des Rothenfels zählen zu den grossartigsten der Rheingegenden.

_{Wer die Gans und den Rheingrafenstein von Kreuznach aus besuchen will, geht bei der Haltestelle am Bad vorbei, über das weit sichtbare sogen. „Tempelchen", vom Tempelchen gleich r. Fusspfad durch das Wäldchen nach dem Rheingrafensteiner Schlösschen, oder vom Tempelchen auf dem Fahrwege bergauf in 25 Min. nach der zum Schlosse abzweigenden Fahrstrasse (an derselben eine Rast.); vom Schlosse r. hinauf (Wegweiser) in 15 Min. zur Gans; von Kreuznach bis hinauf 1 St. 30 Min.; von der „Gans" etwas zurück r. den ersten Waldweg in}

25 Min. zum Rheingrafenstein (circa 220 Mtr. ü. d. M.) hinunter, von da zur Nahe und hinüber nach Münster.

Von Kreuznach über das Tempelchen mit Umgebung der Gans, direct nach dem Rheingrafenstein (Wegweiser dahin am Schlösschen); 3 Min. hinter dem Schlosse theilt sich der Pfad; (man gehe rechts) nach Münster a. St. in etwa 1 St. 30 Min.

Seitenpartie in das Glanthal.

Von Münster führt die Rhein-Nahe-Bahn in der Richtung Saarbrücken, durch einen mächtigen Fels-Einschnitt in Porphyr, aus diesem heraustretend l. die Ebernburg, r. die grotesken Porphyrwände des Rothenfels, dann unmittelbar hintereinander 2 Tunnel, hinter diesen Norheim, bekanntes Weindorf; hier *Rückblick zum Rothenfels. Im freundlichen Thale, immer am l. Ufer der Nahe, l. der Lemberg, r. rebenbedeckte Berge, nach der Station Wald-Böckelheim, r. unter Schloss-Ruine **Böckelheim** vorbei. Die Nahe bildet auf dieser Strecke meist die Grenze zwischen Rheinpreussen und der bayrischen Pfalz.

Nach Durchfahrt der Booser Tunnels kommt man zur Stat. **Staudernheim**, an der Mündung des Glan's, (FZ. von Münster 22—35 Min.) Halteort für die Besucher vom *Disibodenberg. Ueber die „Landgrafenbrücke" nach Dorf **Staudernheim**. Post 3mal täglich nach Meisenheim im Anschluss an die Züge (FZ. 1^{20}). Gasth. zum *Salmen (Will), mit Garten; **deutsches Haus**. Ganz bequemer Weg in 20 Min. bis zur Ruine; erst Chaussée, dann hinter dem bayr. Grenzpfahle l. ab. Stauderuheim, in der früher hessen-homburgischen Enclave Meisenheim ist seit 1866 preussisch; der Disibodenberg liegt dagegen auf bayrischem Gebiet.

Disibod verbreitete im 7. Jahrh. hier das Christenthum und legte am Fusse des Berges eine Klause, später ein Kloster an; das **auf dem Berge** wurde erst 1108 von Erzbischof Ruthard zu Ehren Disibod's erbaut, und in der Kirche wurden 1139 die Gebeine des Heiligen, die bisher im Kloster unten am Berge geruht hatten, beigesetzt. Nach der Reformation gerieth das Kloster in Verfall. Die vorhandenen Ruinen sind sehr interessant; zwar meist nur noch niedrig, geben sie ein gutes Bild des alten Bauwerks und bieten noch in Bruchstücken Beweise der einst hier angewendeten Architectur und Bildnerei; die von dem früheren Besitzer Herr **Wannemann** († 1863) geschaffenen freundlichen Anlagen bedecken den Berg (der Gärtner als Führer). Treffliche

Kreuznach.

Aussicht in das Nahe- und Glanthal. Der Besuch ist selbst bei beschränkter Zeit ausführbar, da ein paar Stunden genügen, die nur 25 Min. von der Station entfernten Ruinen zu besuchen.

Im Glanthale aufwärts, 2½ St. von Staudernheim, liegt Meisenheim, Hauptort des jetzigen Kreises, früher homburgischen Amtes gl. N. Sehenswerth ist hier die Kirche, „eine wahre Perle der spätesten Gothik", mit interessanten Grabdenkmälern pfälzischer Fürsten. Die Thurmspitze wurde aus baupolizeilichen Gründen in neuerer Zeit abgebrochen, überhaupt geht die Kirche ihrem Verfall entgegen, wenn nicht bald umfassende Umbauten stattfinden.

1½ St. weiter im Glan-Thale hinauf liegt Offenbach. Von der schönen dreischiffigen Klosterkirche steht nur noch der Chor mit Querschiff und zwei kleinen Seitenchören. Die Kirche ist im Uebergangsstyl vom Spätromanischen zur Gothik erbaut, und gilt selbst in seinen Ruinen noch als eines der schönsten Bauwerke des Landes.

Weiter hinauf liegt Kusel (S. 39), Endstation der pfälzischen Bahnlinie Landstuhl-Kusel, für welche Altenglan Zugangsstat. für das Glanthal ist.

Von Münster nach Kreuznach zu Fuss in 1 St.; von Münster passirt man die hessischen Salinen **Theodors- und Carlshalle** (25—30 Min. im sogen. *Salinenthal; 30 Min. weiter der die Badehäuser enthaltende Stadttheil von Kreuznach; bis zur inneren Stadt 10 Min. weiter.

Die Salzquellen der Carls- und Theodorshalle kommen bereits 1478 urkundlich vor und wurden schon damals zum Baden benutzt. Diese Salinen sind grossh. hess. Domaine, und auch von Kurgästen viel besucht.

Carlshalle: *Hôtel Rees (auch Bier), Theodorshalle: *Rest. im Kurgarten mit kl. Kursaal und freundl. Anlagen. Ländl. *Rest. im Saliner Forsthaus (5 Min.).

Münster—Kreuznach.

Aus Stat. Münster läuft der Zug über eine Gitterbrücke, am Fusse der „Gans", am r. Naheufer, — links die Saline Theodorshalle, — und durch einen langen Felseinschnitt, in 6 Min. zu der in der Nähe des Bade-Stadttheils liegenden „Haltestelle Bad Kreuznach", (nicht alle Züge halten hier); dann führt die Bahn, einen Halbkreis beschreibend, um einen Theil der Stadt; r. liegt auf und neben den Ruinen eines Römerkastells (S. 11.) eine Glashütte. Vermittelst einer eisernen, auch für Personen und Fuhrwerk dienenden Brücke, führt der Zug in dem an der Binger Chaussée liegenden Bhf. Kreuznach ein.

Kreuznach.

Bhf. nordöstlich der Stadt an der Binger Chaussée. Ferner eine Haltestelle, an der keine Annahme und Ausgabe von Gepäck stattfindet — in der Nähe des sogenannten Badewörth, wo das Kurhaus und die meisten Badehäuser liegen, bequem für diejenigen, welche nur den Anlagen am Bad ihren Besuch zugedacht haben; man findet aber an der Hauptstation sicherer Droschken. Die Hôtels am Bad, hauptsächlich zur Aufnahme von Kurgästen eingerichtet, nehmen im Winter „Passanten" nicht auf. Im Sommer ist das Unterkommen derselben von der mehr oder minder starken Besetzung dieser Häuser durch Kurgäste abhängig. Wer in den Gasthöfen in der Stadt selbst wohnen will, möge an der Hauptstation den Zug verlassen.

Reichstelegraphenstation, Salinenstr.

Post nach Sprendlingen (Stat. der hess. Linie Bingen-Worms); nach Stromberg, Simmern und Kirchberg Mrgs. und Nachmittags.

Droschken. Zwischen Bahnh. und Stadt, oder jede sonstige Einzelfahrt Einspänner: 1 Pers. 6, 2 P. 8, 3 P. 10, 4 P. 12½ Sgr. Zweispänner: 7½, 10, 12/½ u. 15 Sgr. Jede Fahrt bis zu 1 St. Einsp. 20 Sgr. Zweisp. 1 Thlr.; jede fernere St. 10 u. 15 Sgr. mehr.

Gasthöfe. *Adler (Jean Hessel), Hochstr., Garten am Hause; *Pfälzer Hof (Heinrich Hessel) a. d. Post, Garten am Hause; *Berliner Hof (Franzmann) am Kornmarkt; Taube am Binger Thor, Stadt Frankfurt a. d. Post; weisses Ross, Mannh. Str., Kanone a. d. Post, letztee vier einfach aber gut. Hôt. Levi Kreuzstr. und Hôtel Jacobi, Mannh. Str., letztere beiden israel.

Theater. Am Kurhaus während der Saison Concerte. Mgs. u. Nachm.

Kreuznach, nahe an 14,000 E. das röm. Cruciniacum, Kreisstadt, hat durch seine jetzt von etwa 8000 Kurgästen besuchten Soolquellen Weltruf erlangt. Claudius Drusus baute hier ein Castel, dessen Ruinen, jetzt eine Glashütte umschliessend, neben der EB.-Gitterbrücke noch sichtbar sind. (S. 11) Vom Lieblingsitz Ludwig's des Frommen, der Osterburg, ist keine Spur mehr vorhanden. Später im Besitz der Grafen von Sponheim, dann pfälzisch, kam K. und Umgegend 1796

Kreuznach.

an Frankreich, 1815 an Preussen. Furchtbare Drangsale erduldete es im 30j. Kriege, im Orleans'schen Erfolgekriege 1688—89 und 1795 durch franz. republ. Truppen. Vor dem 30j. Krieg zählte K. 10,000 E. 1786 war die Zahl auf 3500 reduzirt.

Die Entdeckung der brom- und jodhaltigen Soolquellen geschah erst im 3. Jahrzend dieses Jahrh., die zum Trinken benutzte Elisabethquelle wurde 1832 aufgefunden; die übrigen Quellen, sowie die der Karlshalle, liefern das Wasser zu den Bädern. Ausserordentlich wirksam sind die Kreuznacher Quellen in allen Arten Haut- und Scrophelkrankheiten. Weitberühmt ist die als Rückstand beim Sieden der gradirten Soole gewonnene „Kreuznacher Mutterlauge." Die Elisabethquelle und das Kurhaus und das 1873 neben dem Kurhaus errichtete Badehaus mit den dabei befindlichen Anlagen sind Eigenthum der „Soolbäder-Actiengesellschaft."

Die Lage von K. ist sehr romantisch und durch die es im Süden, Westen und Norden einschliessenden Berge ist es sehr gegen rauhe Luftströmungen geschützt. Durch die Nahe wird die Stadt in zwei Theile getheilt, zu denen noch als dritter der neue in der Nähe der Quellen, aus eleganten mit Gärten umgebenen Logir- und Privathäusern bestehende, zu rechnen ist.

Sehenswerth ist der goth. Chor der früheren Pfarrkirche, jetzt würdig restaurirt und zur englischen Kirche eingerichtet; an der Nahebrücke neben der grossen ev. Pauluskirche, inmitten neuer Anlagen steht das in cararischem Marmor von Cauer ausgeführte *Denkmal des Dr. Prieger († 1863) als Förderer des Bades Kreuznach bekannt.

„Hier lebte Dr. Faust, der durch seine Persönlichkeit und seine Schicksale den ganzen grossen Kreis mythischor und poetischer Productionen, die sich an seinen Namen knüpfen, hervorgerufen hat. Es ist historisch nachgewiesen, dass Georgius Sabellicus Faustus der jüngere (wahrscheinlich identisch mit dem späteren Johann Faust) 1507 hierher kam, durch die Verwendung des Franz von Sickingen, der für die geheimen Wissenschaften sehr lebhaftes Interesse zeigte, eine Stelle an der hiesigen Gelehrtenschule erhielt, die er aber wegen schlechter Streiche bald wieder verlassen musste"

Der Handel in K., besonders in Wein und Frucht, ist

ansehnlich. Die Lederfabriken haben weiten Ruf; K. hat ferner mehrere bedeutende Fabriken rhein. Schaumweine.

Unmittelbar bei der Stadt liegt der *Kauzenberg oder Schlossberg mit den Ruinen der Kauzenburg, um das Jahr 1270 von den Grafen Sponheim erbaut. 1632 vom Schwedenkönig Gustav Adolf erstürmt, 1689 von den Franzosen zerstört, kürzlich theilweise erneuert; ein daselbst aufgestellter steinerner Löwe erinnert an den Heldentod eines Kreuznacher Bürgers, Michel Mort, der um seinen Herrn, den Grafen von Sponheim, in der Schlacht von Sprendlingen zu retten, sich selbst opferte. Am Kauzenberg wächst nächst dem Scharlachberger der beste Nahewein.

Ausflug nach der Gans und dem Rheingrafenstein s. S. 51.

Von Kreuznach über Stat. Langenlonsheim in 18 —25 Min. nach Bingerbrück. stets am l. Ufer der Nahe, die auf einem Theile dieser Strecke die Grenze zwischen Rheinhessen und Rheinpreussen bildet. Kurz vor Bingerbrück sieht man r. den Scharlachberg, auf einen niedrigen Felhskopf, dem Scharlachberge gegenüber die Ruine Trutzbingen; in der Nähe soll die Schlacht der Trevirer unter Tutor (70 n. Chr.) gegen Sextilius Felix stattgefunden haben.

Bingerbrück.

Kopfstation der Rheinischen u. Rhein-Nahe-Bahn, mit gemeinschaftlichem Empfangsgebäude. Den Verkehr mit der Nass. Eisenb. via Rüdesheim vermitteln Trajectdampfschiffe. Landungsbrücke beim Mäusethurm, 3 Minuten v. Bhf.; (die für die Cöln-Düsseld. u. Niederl. D.-Schiffe in Stadt Bingen). Die Verbindung mit der Hess. Ludwigsb. wird durch eine über die Nahe geführte, auch für Personen- und Wagenverkehr errichtete Gitterbrücke bewerkstelligt.

Wagenwechsel bei den meisten Zügen für die nach dem Nahethal gehenden Passagiere.

FZ. Coblenz 1¼—1½ St., Cöln 3½—3¾ St., Kreuznach 19—25 M., Saarbrücken 3½ St., Wiesbaden 2—3 St., Mainz 35 M. bis 1 St., Frankfurt 2—2½ St.

Post Nachm. nach Stromberg, FZ. 1[20], u. nach Simmern 5 St.

Hôtel Germania, einfach, a. d. Chaussée.
Bingerbrück, von Bingen durch die Nahe getrennt, welche hier die Grenze zwischen Preussen und Rheinhessen bildet, früher, als preuss. Grenzpoststation und Zollamt Wenigen bekannt, hat ausserordentlich an Bedeutung gewonnen, seitdem die Bahnhöfe der Rhein-Nahe- und Rheinischen EB. hier am Ruppertsberg entstanden sind; jetzt bezeichnet man mit „Bingerbrück" den Complex der auf preuss. Ufer an der Mündung der Nahe liegenden Gebäude und Etablissements.

Die Römerstrasse führte einst über den Ruppertsberg hinauf nach dem Hunsrücken, nach der mittleren Mosel und Trier; die Römer hatten hier eine Grabstätte, wie die beim Eisenbahnbau aufgefundenen römischen Geräthe und Denkmäler (meist im Besitz des antiqu. Vereins in Kreuznach), beweisen.

Bei **Bingerbrück** entfaltet sich ein herrliches Panorama, welches die Gegend bei Bingen und einen grossen Theil des Rheingaues umschliesst; ausgedehnter noch von der *Elisenhöhe und vom *„Rondel", an der Stromberger Chaussée, 25 M. Von beiden Punkten trift das Auge den romantisch im Rhein auf einem Quarzfelsen gelegenen sagenumwobenen *Mäusethurm.

Ohne Zweifel diente derselbe einst als Zollstätte; jetzt, restaurirt und wohnlich eingerichtet, ist er Signalthurm für die das **Bingerloch** passirenden Schiffe.

Gegenüber dem Mäusethurm, am r. Ufer liegt die Ruine **Ehrenfels**, einst oft Sitz der Mainzer Erzbischöfe, im 30j. und Orleans'schen Erbfolgekriege zerstört. Auf den Terrassen bei der Burg wächst ein vorzüglicher Wein.

Ueber die Nahe-Eisenbahnbrücke gelangt man nach

Bingen.

FZ. nach Mainz 35 Min. bis 1 St., Frankfurt 1^{50}—2^{35}, Coblenz 1^{20}—1^{45}, Cöln 3^{35}—4^{40}, Alzey 1^{25}, Worms über Alzey 2^{10}. Endst. d. hess. Ludwigsb., rhein. Linie; Endstat. d. Linie Worms-Alzey-Bingen.

Der Reisende — besonders mit Gepäck — hat wohl zu beachten, ob er nach Stadt Bingen (Stat. der Ludwigsb.) oder nach Bingerbrück (Stat. der Rheinischen EB. und der Rhein-Nahe-B.) ein Billet zu lösen habe.

Landungsbrücke der Cöln-Düsseldorfer und Niederländ. Dampfschiffe. Alle Stunden DS. nach Rüdesheim, I. Pl. 2, II. Pl. 1 Sgr.

Reichstelegraphen-Station in d. Nähe d. Hôt. z. w. Ross.

Bingen.

Wagen zu Spazierfahrten accordiren! (Einsp. nach dem Rheinstein etwa 2 fl. 10 kr.); Die Hôtels Victoria, Ross und Bellevue haben eigene Equipagen.

Taxe für Schiffer. Fahrt mit gewöhnlichen kleinen Nachen aus dem Hafen von Bingen nach dem Mäusethurm oder dem Binger Grün bis 2 Pers. mit Gepäck 35 kr. od. 10 Sgr., jede weitere Person 7 kr. od. 2 Sgr. Nach Assmannshausen 1 fl. 45 kr. od. 1 Thlr. Rheinstein oder der Clemenshirche mit 2 St. Aufenthalt u. von da nach Assmannshausen 2 fl. 55 kr. od. 1 Thlr. 20 Sgr. Für Rückfahrt die Hälfte mehr.

Die Verbindung mit Bingerbrück wird durch die auch für Wagen und Fussgänger eingerichtete eiserne EB.-Nahe-Brücke vermittelt.

Gasthöfe. *Hôtel Victoria, am Rhein, zunächst d. Bhf.; *Weisses Ross, am Rhein, Logis 1—1½ fl. Mit. 1½ fl. Fst. 30 kr. Serv. 18 kr. beide ersten Ranges, mit entsprechenden Preisen; *Hôtel Bellevue (Brodt), am Rhein; 2ten Ranges. Preise etwa wie im „Ross". 3ten Ranges: Deutsches Haus (Weber); Logis 1 fl. 12 kr. Fst. 24 kr. Serv. 18 kr. Karpfen, Ecke der Salzgasse, einfach, empfohlen; Engl. Hof, Mainzer Str. (Brück), Pariser Hof, Gaustr.; Schöne Aussicht, a. Rh. einfach. *Gold. Pflug.

Bingen (das alte Vincum oder Bingium), Grenzstadt der Prov. Rheinhessen, 5733 E., hatte von jeher merkantilische und früher auch strategische Bedeutung durch seine Lage am schiffbaren Strome und als Knotenpunkt der von der Mosel (Trier), zum Hunsrücken und aus dem Nahethal führenden Strassen. B. war ein Standort der Römer, doch ist es nicht erwiesen, ob das Bingium der Römer an der Stelle des heutigen B. oder in Bingerbrück lag. (Tacit IV. 55. 07, Auson. Mosella 1. 2).

Bingen's Handel in Wein und sonstigen Landesproducten ist bedeutend, nicht minder durch seine schöne Lage der Touristenverkehr.

Ueber der Stadt liegt *Burg Klopp, wahrscheinlich auf den Fundamenten einer röm. Befestigung erbaut; diese Burg war niemals ein Raubnest, im Gegentheil wurde sie unter dem Mainzer Krummstabe von Bedeutung in den Fehden des rhein. Städtebundes gegen das Raubritterthum. 1105 wurde Kaiser Heinrich IV. angeblich hier von seinem Sohne ge-

Bingen.

fangen gehalten. 1689 wurde die Burg von den Franzosen zerstört; dann wieder aufgebaut, erlitt sie 1712 wiederholt eine Zerstörung durch die Franzosen. In neuerer Zeit ist durch den jetzigen Besitzer, Hrn. Cron in Cöln, der Hauptthurm neu hergestellt.

Selbst bei gemessener Zeit versäume man den Besuch der Klopp nicht; (Eingang auf der Mainzer Str.; der Gärtner ist Führer). Die Aussicht, besonders von der Zinne des *Thurmes, ist ganz vorzüglich und trägt weit in den Rheingau hinauf, hinüber zum Niederwald und stromabwärts bis an Assmannshansen, und zu den Füssen des Beschauers entwickelt sich das lebensvolle Bild der fortwährend auf- und abgehenden EB.-Züge, und der den hier breiten Strom durchfurchenden Dampfer.

Durch eine Pforte gelangt man aus dem Burggarten in's Freie und zum *Scharlachkopf, der Krone des der Nahe zugewendeten Scharlachberges, mit vorzüglicher Fernsicht auf den Rhein, in's Nahethal und bis zum Donnersberg.

Vom Scharlachkopf aus, dem Bergrücken entlang, oder von Bingen direct (³/₄ St.) auf nicht zu fehlendem Wege (unfern vom Bhf.) gelangt man zur *Rochuskapelle.

Am Rochustage, Mitte August, herrscht hier oben ein buntes Leben; Tausende von Wallfahrern und Neugierigen bedecken die Höhe bei der Rochuskapelle.

Unterhalb der Kapelle am Bergesabhange liegt Villa Braun, vom Rhein aus gesehen einen freundlichen Eindruck machend.

Eine höchst dankbare Partie ist die über den *Niederwald, die am Besten in folgender Weise zu machen ist. Von Bingerbrück oder Bingen per Nachen (Taxe) an Schloss Rheinstein, Fahrz. 30—45 Min.; hier lässt man den Nachen bis zur Rückkunft vom Schlosse warten, dann übersetzen nach Assmannshausen, wo der Schiffer entlassen wird. Von hier hinauf in etwa 45 Min. zum Jagdschloss. (Bis hierher empfiehlt sich Benutzung eines Reitthieres.) Vom Jagdschloss ab bequemer Waldweg zuerst zur Zauberhöhle (vom Durchgang abzurathen), dann zur *Rossel, deren *Thurm nicht minder wie die dann folgende *Eremitage und der *Tempel prachtvolle Aussichten eröffnen. Vom Jagdschloss zur Zauberhöhle 5, Klippe weitere 2, Rossel 5, Eremitage 10, Tempel 10 Min.; von hier hinunter nach Rüdesheim 45 Min. Mit dem nöthigen Aufenthalt kann man einen halben Sommertag gut und höchst genussreich zu diesem Ausfluge verwenden.

Die Donnersberger- und Zellerthal-Bahn.

Die **Donnersberger-Bahn** führt von Kaiserslautern nach Enkenbach, — diese Strecke im Bau —, vereinigt sich hier bis Langmeil mit der Alsenzbahn und geht von Langmeil über Marnheim und Kirchheimbolanden nach Alzey, wo sie an die hessische Ludwigsbahn anschliesst. Die Strecke Langmeil-Marnheim ist seit 31. Mai 1873 im Betrieb, die von Marnheim nach Alzey wird voraussichtlich im Anfange von 1874 eröffnet werden.

Eine Seitenlinie der Donnersberger Bahn bildet die **Zellerthal-Bahn**, welche von Marnheim durch das Pfrimmthal nach Monsheim führt und hier an die hessische Linie Worms-Alzey einerseits, anderseits an die pfälzische Linie nach Grünstadt-Dürkheim anschliesst. Durch diese Linie schliesst sich wieder ein Theil des pfälzischen Eisenbahnnetzes zu einem gerundetem Ganzen ab.

Kaiserslautern und die Strecke Enkenbach-Langmeil (S. 44.) Von Langmeil — (Langmeil — Marnheim 1,89, FZ. 30 M.) fährt der Zug in 8 Min. nach Stat. **Börrstadt**. Hier ist von dieser Seite her der beste Aufgangspunkt zum **Donnersberg**; über Steinbach, Jocobsweiler r. liegen lassend in 1½ St. nach Dannenfels (S. 45.)

In 12 Min. nach **Göllheim-Dreisen**; das auf einem Höhenzuge [gelegene Städtchen **Göllheim** (Telegr.-Stat.) ist 25 Min. südöstl. von der Stat. entfernt. Hier, bei Göllheim (*Gasth. z. Hirsch bei Bechtluft), war am 2. Juli 1298 die Schlacht zwischen Adolf v. Nassau u. dem Gegenkaiser Albrecht v. Oestreich, in welcher Adolf im Zwiegefecht mit Albrecht fiel; an dieser Stelle steht das **Königkreuz**, ein Christusbild aus rothem Sandstein, 1298 vom Imagina, Adolf's Gemahlin, errichtet. Ueber dem Denkmal wölbt sich jetzt eine, nach Voit's Entwurfe erbaute Kapelle. Vor dem Stadtthor führt die Strasse geradeaus zur Station (20 Min. hinunter, auf-

Göllheim. 61

wärts 25—30 Min; Einspänner zur Stat. 1 fl. 12 kr.) die Strasse links (Wegw.) „nach Rosenthal"; im letzten Hause dieser Strasse ist der Schlüssel zu dem daneben stehenden, mit Anlagen umgebenen Königkreuz zu haben (Douceur.) Auf der Strasse nach Rosenthal gelangt man in etwa 30 Min. zu dem Ludwigsplatz, einer Anhöhe im Walde mit Anlagen und trefflicher Aussicht; den Donnersberg im Vordergrunde, sieht man in der weiteren Ferne die Taunushäupter und den Odenwald.

Etwa 10 Min. hinter dem Ludwigsplatz zweigt von der Fahrstrasse eine Seitenstrasse ab, nach den Ruinen des *Klosters Rosenthal, dessen architectonischen Reste als die schönsten der Gothik in der Pfalz gelten. Die Klostergebäude dienen jetzt ökonomischen Zwecken; von der allein stehenden schönen Kirche ist der Thurm mit schönem Steinhelm, den ein Kreuz von Rosen ziert, leidlich erhalten. Im Klosterhofe. Rest. Von Göllheim bis Rosenthal 1 St. 15—30 Min. (Von Börrstadt aus geht man nach Breunigweier, von da mit einem Knaben als Führer, über das „Häuschen" auf der Höhe, hinunter nach Rosenthal, in Allem 1 St.45 Min.). Kurzer Weg leitet v. Rosenthal nach der Ruine Stauf, von den Hohenstaufen gegründet, im Bauernkriege zerstört. Bei dem nahen Df. Ramsen im Thale der Eiss, liegen auf einer Anhöhe die Ruinen des Klosters Ramsen, 1146 gegründet. Auf Fahrstrasse, über das Df. Eisenberg (Fundstätte vieler römischen Alterthümer) nach Göllheim in 2 St.

Von Göllheim über Eisenberg (bis hierher 2mal täglich von Stat. Göllheim aus Post) schöner Weg in das Leininger Thal (s. u.); bis Altleiningen 3, bis Neuleiningen 2¼ St.

Von Dreisen im Pfrimmthale weiter in 8 Min. nach **Marnheim.**

Bis zur Eröffnung der Bahnlinie Postomnibus nach Kirchheimbolanden, 30—45 Min.

Von Station Marnheim aus schöner Blick auf den Donnersberg und das an demselben romantisch liegende Dannenfels; nordw. die weit sichtbare Warte bei Kirchheimbolanden.

Von Marnheim führt die, 1874 zu eröffnende weitere Linie der Donnersberger Bahn nach dem 1 Stunde entfernten **Kirchheim-Bolanden** (Gasth. zur Traube (Hôtel Decker); zur alten Post; Rest. *Bechtelsheimer, auch Logis); an der

Kaiserstrasse, unfern vom Donnersberg (1½ St. bis Dannenfels), freundlich an einer Anhöhe gelegen, ist K. eine Stadt von etwa 3500 E., mit regem Verkehr, dem die productenreiche Gegend und die neuerdings sehr in der Entwicklung begriffene Industrie als Basis dient. Das im Jahr 1602 mit fürstlicher Pracht erbaute Residenzschloss der Nassau-Weilburger Fürsten brannte 1861 nieder, ist aber neu erbaut und im Besitz eines Privaten. Der Schlossgarten ist zwar des grössten Theiles seiner ehemaligen Zier beraubt, immerhin aber noch sehenswerth und hat namentlich wegen der hier 1849 im Kampfe gefallenen Freischaaren historisches Interesse. Sehenswerth ist ferner das, auf den mit schönen Anlagen geschmückten Friedhofe den 1849 hier Gefallenen errichtete *Denkmal. In nächster Nähe der Stadt schöne Waldspaziergänge, namentlich von der Anlage „Schillerhain" auf einer Anhöhe mit Aussichtsthurm über den „neuen Weg" zum Forstgarten.

1 Stunde von Kirchheim liegen im Wiesbachthale die schönen Ruinen der Prämonstratenser-Abtei Rothenkirchen, deren Kirche, eine Säulenbasilika, von edeln Verhältnissen und trefflicher Ausführung, ist; ihre Räume sind profanirt.

Von Kirchheim-bolanden führt die Bahnlinie nach der Stadt Alzey.

Alzey, hessische Kreisstadt (Hôt. Maschmann; Rest. Orlemann, auch Logis,) lag einst im Mittelpunkte des rheinischen Franziens, kam dann an die Pfalzgrafen. Ein Raugraf war angeblich der Erbauer der Burg Stein bei Alzey, die noch in Trümmern einen mächtigen Eindruck macht; auch diese Burg wurde durch die Franzosen 1689 zerstört, und war die grösste Pfalzburg nach jener von Heidelberg. An ihrer Restauration wird seit Jahren gearbeitet.

In Alzey finden wir wieder viele Anklänge aus dem Nibelungenlied. Wer denkt hier nicht des „Volker von Alzey", des Fiedlers.

Von Alzey führt eine Bahnlinie nach Bingen in 40 Min.; von der Stat. Sprendlingen einmalige Postverbindungen nach dem 2 St. entfernten Kreuznach. Eine andere Bahnlinie führt von Alzey nach Mainz in 1 St. 30 Min.

Die Zellerthalbahn. Von Marnheim (S. 61.) führt die Zellerthalbahn nach Monsheim. Marnheim - Monsheim 1,90, Fahrz. 30 Min. Die erste Stat. ist Albisheim a. Pfrimmbach, der im anmuthigen, von Weinbergen bekränzten

Zellerthal hinströmt. Hier stand einst eine königliche Pfalz — Albulfivilla —, wo Ludwig der Fromme zeitweise residirte. Es folgt Stat. Harxheim-Zell; Zell liegt malerisch an der Höhe am l. Ufer des Baches, hat noch die alte Kirche des einst reichen und berühmten Stiftes Zell, die sich hoch aus dem Orte erhebt. Alle die Orte im und am Thale tragen das Gepräge des Wohlstandes, der Boden im Thale zeigt üppige Fruchtbarkeit, wie das überhaupt auch meist in der ganzen Gegend diesseits vom Donnersberg der Fall ist. Das Zellerthal erzeugt vielen und guten Wein. Der Zug überschreitet die Pfalzgrenze; die nächste Stat. ist Wachenheim-Mölsheim auf hessischem Gebiete. Im Vorblick tritt der Odenwald mächtig hervor. Die Endstat. der Zellerthalbahn ist Monsheim an der hessischen Linie Worms-Alzey. Monsheim hat ein Schloss der Familie v. Gagern.

Von Monsheim (bis Worms 1,5, FZ. 20 Min.) nach Stat. Pfeddersheim, das noch als Zeichen seiner einstigen starken Bewehrung mit Mauern und Thürmen umrahmt ist. Hier ist historischer Boden durch die siegreiche Schlacht der Pfälzer unter Kurfürst Friedrich dem Siegreichen (1460) gegen Herzog Ludwig v. Veldenz—Zweibrücken und den Erzbischof Diether von Mainz. 1525, im Bauernkrieg, wurden die Bauern vom Kurfürst Friedrich dem Friedfertigen hier aufs Haupt geschlagen, und was von den Bauern nicht in der Schlacht gefallen war, wurde nach der Uebergabe der Stadt, von den Landsknechten hingeschlachtet.

Der Wormser Dom erhebt sich mächtig vor den Blicken.

Ueber Stat. Pfiffligheim in einigen Min. nach Worms. (S. 22.)

Von Neustadt nach Dürkheim und Grünstadt.

Neustadt-Dürkheim 2,1. Fahrz. 45 Min. mit den Stat. Mussbach, Deidesheim und Wachenheim. Der Blick (Fenster l.) streift die Gebirgskette und die zu ihren Füssen liegenden stattlichen Orte.; r. üppige, ebene Fluren und Weingärten.

Höchst interressant ist die **Fusswanderung** (2½ St., etwaige Einkehr in die vielen, edles Traubenblut spendenden Wirthshäuser natürlich nicht gerechnet), die man aber nicht in heissen Mittagsstunden unternehmen möge, da der Weg wenig Schatten bietet.

Von Neustadt (S. 31) geht man zur **Haardt**(*Gasth. z. Weinberg) hinauf, dort l. ab, bei den **Wolf**schen **Anlagen** und unterhalb des **Haardter Schlösschens** (S. 32) vorbei nach **Gimmeldingen** (Gasth. v. Breuchel) in 40 Min.; hier beim ersten Brunnen r. ab, beim zweiten l. hinauf. G. ist Geburtsort des früheren Erzbischofs von Cöln, Cardinal, Johannes v. Geissel. **Königsbach** bleibt l. liegen, indem man beim „Königsbacher Schlössel" den Weg gerade aus benutzt, der in der Nähe von **Ruppertsberg** in die Chaussée mündet, und in 12 Minuten nach **Deidesheim** führt. Beide Orte liefern vorzügliche Weine. Ein anderer Weg v. Gimmeldingen leitet durch **Königsbach** am Saum des Waldes in 40 Min. nach **Deidesheim**, 2731 E., (*Bayer. Hof, bei Häusling), eine Stadt, welche das Gepräge des Wohlstandes an der Stirne trägt. Die Keller von D. bergen Weine, gleichbedeutend an Quantität und Qualität. Eine der besten unter den vorzüglichen Weinlagen ist der „Jesuitengarten". In westlicher Richtung nahe der Strasse, auf dem Wege zum **Eckkopfe** steht die **Michaelskapelle** und etwas weiter sind die „Heidenlöcher" auf dem Märtenberge, eine Anzahl Gruben, von einer Mauer und Graben umgürtet, deren Entstehung, gleich der der Steinwälle bei Dürkheim a. O. in das graue Alterthum zurückgeführt werden darf.

Von Deidesheim in 15 M. nach **Forst**, dessen „Traminer" einen besonders guten Klang hat, unbeschadet seines trefflichen „Riesling". „Forster Kirchenstück" liefert einen weitberühmten Wein. Forst ist ein lang gedehnter Weinort mit dem entschiedenen Gepräge des Wohlstandes; elegante Landhäuser verleihen ihm ein aristokratisches Aussehen.

Zwischen Forst und Wachenheim liegen bedeutende Basaltsteinbrüche, Die folgende Stadt **Wachenheim** (in 10 Min.) trägt ähnlichen Character. Früher hatte der pfälzische Adel Höfe und Ritterstuben hier, die jetzt den Villen und Hofgütern reicher Weinhändler und Gutsbesitzer den Platz geräumt, haben. Unter den Landhäusern zeichnen sich durch Geschmack und Eleganz die Wolf'schen aus, mit schönen Gartenanlagen r. und l. von der Chaussée, am Eingange des Ortes. Bei W. die Ruine **Geiersberg** an der ehemal. Grenze des Speyer- und Wormsgaus, sie war eine der ältesten Reichsvesten. In 20 Min. nach

Dürkheim.

Telegraphenstation im Postamt.
Post nach Frankenthal Morgens u. Nachmittags in 2½ St.
Postomnibus zum Bhf. (Abf. am Hôtel der vier Jahreszeiten.) 6 kr.
Lohnwagen zu accordiren! **Packträger**, Koffer vom Bahnhof 8 kr.
Gasthöfe. *Vier Jahreszeiten (A. Graf) a. d. Post; *Hôt. Häusling am Kurgarten; Hôt. zum Haardtgebirge (Sorg), Wormser Str., Wittwe Geist (Hôtel garni.)
Restaurationen. Wein u. Bier: Schick, am Bhf.; Café Heilmann und Café Puder, beide am Schlossplatz, Restauration zum Cursalon im Curgarten.
Conditoreien v. Krieg, Dülg, Römerstr.
Während der Saison Musik am Brunnen a. d. Saline, zur Zeit der Traubenkur am Kurgarten.
Soolbäder in den Hôtels und Badehäusern.

*Dürkheim (7000 E.) an der Isenach, welche einst die Grenzscheide zwischen dem Speyer- und Wormsgau bildete, kommt 949 als Eigenthum der Salier vor, 1359 wurde es von den Grafen von Leiningen befestigt und hatte in den Kämpfen des 16. und 17. Jahrh. ähnliche Schicksale, wie das nachbarliche Speyer und Worms. D. erhielt später einigen Glanz durch die von der Hartenburg hierher verlegte gräflich Leiningen'sche Hofhaltung. Auf dem gräflichen Hoftheater trat Iffland, der oft Gast am hiesigen Theater war, mehrmals auf; im „Jägerthale" bei D. soll er seine „Jäger" gedichtet haben. Das Rathhaus steht auf der Stelle des 1794 von den Franzosen eingeäscherten Leiningen'schen Schlosses.

D. ist Sitz der naturforschenden Gesellschaft Pollichia, deren Sammlung sich im Rathhaus befindet. Die Sammlung des hies. Alterthumsvereins ist im Schuk'schen Garten. Sehenswerthes bietet die Stadt sonst nichts, ausser etwa der neu restaurirten Johanniskirche. D. hat eine Saline — Philippshalle — und zählt zu den Soolbädern, obwohl es als solches minder bedeutenden Ruf hat, denn als Traubenkurort. Zur Zeit der Traubenreife herrscht hier, besonders in guten Weinjahren, ein reges Leben. Hunderte von Traubenkurgästen, sowie viele Familien, welche die Herbstzeit hier zubringen, führen lebhaften, durch Geselligkeit gewürzten Verkehr, herbei. Die Kurgäste finden sich am frühen Morgen auf dem Traubenmarkte ein, wo sie die Trauben, oder den auf niedlichen Pressen gekelterten Most, geniesen. Der Traubenversandt ist sehr bedeutend.

Die Abtei Limburg und die Hartenburg.

Zur Limburg geht man aus der Stadt an der Friedhofsmauer vorbei, l. den mit einer Allee bepflauzten Fahrweg, der bequem, aber mit einer halben Stunde Umweg hinaufführt. Näher geht man über Grethen (15 M.), dem Thal entlang in 45 Min., ein noch näherer Weg führt von D. im Thale bis an den Fuss der Limburg, hier bei einem Röhrbrunnen, nicht sehr steil, direct zur Ruine hinauf. Im Ganzen ist's bequemer von Dürkheim auf der nach Frankenstein führenden Chaussée, nach der Hartenburg (1 S.) zu gehen, von da über die Limburg zurück.

Die grossartigen Ruinen der Benedictiner-Abtei *Limburg liegen auf der Stelle eines Schlosses des Grafen Konrad, der als Konrad II. zum deutschen König erwählt wurde. Als dessen ältester Sohn auf der Jagd den Tod fand, verwandelte er sein Stammschloss in ein dem Gottesdienste geweihtes Haus. Eine über dem Kirchenportal eingefügte Gedenktafel sagt: „den Grundstein dazu legte am 12. Juli 1030 Morgens 7 Uhr der Kaiser Konrad II. der Salier, der am selben Tage Mittags 1 Uhr auch den Grundstein zum Dom von Speyer legte. Die Abtei wurde niedergebrannt am 30. August 1504 in einer Fehde zwischen Kurpfalz und Leiningen, unvollständig restaurirt 1554, von 1574 an aber dem Verfall überlassen; 1843 kam sie in den Besitz der Stadt Dürkheim und wurde auf Kosten derselben vom Gen.-Director Metzger in Heidelberg mit einer Anlage umgeben." Das Klosterleben scheint zu Zeiten hier sehr ausgeartet gewesen zu sein, denn wegen der 1544 durch Leiningen'sche Söldner vollzogenen Verwüstung vom Kaiser zur Rechenschaft gezogen, erklärte Graf Leiningen, dass diese That ohne sein Wissen geschehen sei, das Kloster indess eine Züchtigung verdient habe, da es eher eine Räuberhöhle als ein Kloster gewesen sei.

Die Kirche ist eine kreuzförmige Säulenbasilika mit gerade abgeschlossenem Chor und darunter liegender quadratischer Krypta, die 1025 vollendet wurde. In dieser liegen noch eine Menge Säulenreste und an der Wand sind noch Reste von Malereien. Von den Kreuzgängen sind noch Ruinen vorhanden, von Epheu prächtig umrankt. Das Schiff ist nahe 110 Mr. lang und 44 breit und hatte 19 Altäre. Der südw. Thurm aus dem 16. Jahrh. ist in seinen oberen Theilen gothisch und mittelst 137 Stufen zu ersteigen; vorzüglicher Umblick. Auch am Fusse des noch ziemlich wohl erhaltenen Thurmes hat man eine treffliche Aussicht in die Rheinebene und in das Thal von Dürkheim. An der Westseite sieht man die nahe Hartenburg am Fusse bewaldeter Berge. In der äusseren Thurmecke hübsches Echo. Freundliche Anlagen (Rest.) bedecken den Berg. Unter dem Abte der Limburg standen 3 Nonnenklöster, das von Schönfeld, an der Stelle der jetzigen Saline Philippshalle, das von Hausen, am Fusse der Limburg und das nahe Seebach, von dem noch eine schöne romanische Kuppel vorhanden ist.

Von der Limburg zur Hartenburg (45 Min.) Fahrweg, nach König Ludwig benannt, von diesem etwa 100 Schritte unterhalb eines nach der Limburg zeigenden Wegweisers, r. ab Fusspfad in's Thal; nicht zu fehlen! Oder von Limburg in 25 M. nach der Chaussée bei dem Dorfe Hausen, von da in 30 M. nach Hartenburg.

Die *Hartenburg (Seite 66), ein jetzt in Ruinen liegender Renaissance-Bau, gehörte den Grafen von Leiningen (S. 66), und wurde 1689 von Melac's Horden zerstört, ebenso fand ein später erbautes Schloss 1794 seinen Untergang in den französischen Revolutionskriegen. Die Hartenburg liegt auf einem Hügel neben dem Dorf Hartenburg (Gasth. z. Hirsch) und macht in seinen noch bedeutenden Ruinen einen grossen Eindruck. In einem Thurme sieht man noch die Verliesse, in welche die Gefangenen hinuntergelassen wurden. An der südöstl. Seite der Burg liegt der freundliche Lindenplatz.

Die ganze Partie, Limburg und Hartenburg, lässt sich gut in 3½—4 St. machen, etwas Rast auf der Limburg eingeschlossen.

Bei Dürkheim liegt der Kastanienberg mit einer sogen. „Heidenmauer", ein riesiger, mit 6 Eingängen versehener Steinwall, ½ St. im Umfange, wahrscheinlich keltischen oder germanischen Ursprungs und ähnlich denen auf dem Altkönig, Donnersberg u. a. O. Die Höhe der Heidenmauer wird vom *Teufelstein beherrscht, ein mächtiger, frei emporragender Felsblock. (Von Dürkheim auf der Gerberstr., dem Bach entgegen, durch die Hinterberger- u. Vigilienstr. Wegweiser nach der schönen Aussicht) auf steinigem Fusspfade neben Weinbergen bergan zum *Krummholzerstuhl, früher nach einer Sage „Brunhildsstuhl" genannt, wo vom Dürkheimer Verschönerungs-Verein Ruhe-

Das Isenachthal. 69

plätze errichtet sind; von hier vorzügl. Blick anf die Stadt, dann durch ein Wäldchen zum **Signalstein** (¹/₂ St.) und der *Schönen Aussicht. Hier vorzügl. Blick über die Hartenburg, Limburg und das Dürkheimer Thal. Dann guter Pfad am westl. Waldrande, an der Heidenmauer vorbei in 25 Min. zum **Teufelstein**.) Nach der Sage hatte der Teufel beim Bau der Abtei Limburg wacker geholfen, in der Meinung, der Bau werde ein Wirthshaus; nachdem er aber eines Besseren belehrt wurde, lief er nach diesem Berge, riss den Felsblock aus dem Boden, um mit ihm drüben die Abteikirche zu zerschmettern. Da läutete man aber die Kirchenglocken und der Block entfiel, zu einer weichen Masse geworden, seinen Händen. Die Heidenmauer lieh dem Amerikaner Fenimore Cooper den Stoff zu seinem Roman „Die Heidenmauer."

Ein Wegweiser nahe dem Teufelstein zeigt nach dem viel besuchten **Weilach**, Hof und Forsthaus (*Rest.) am Fusse vom **Peterskopf** (auch von **Ungstein** aus besucht) ein Bergkegel, von dem aus sich ein grossartiges Panorama eröffnet, das sich vom Taunus bis zum Schwarzwald und auf die Gebirgswelt der Umgebung mit ihren Orten und Ruinen erstreckt.

Einen trefflichen Blick über die Rheinebene gewährt die weithin sichtbare, zwischen Dürkheim und Wachenheim aufgeführte *Warte, Flaggenthurm genannt,

<small>Von Dürkheim über Hartanburg führt die Chaussée durch das **Isenachthal**, anch **Jägerthal** genannt, nach Station **Frankenstein** (3—4 St.) an der Linie Neustadt-Kaiserslautern-Neunkirchen. In grossen Windungen zieht sich die Strasse zwischen hohen bewaldeten Felsbergen, in dem durch Mühlen und Fabrikanlagen belebten Thale, nur den Weiler **Jägerthal** berührend, stetig bequem aufwärts bis eine halbe St. vor Frankenstein, wo sie den Gebirgskamm überschreitet. Bei Jägerthal l. im Walde liegen die Ruinen „**Murr nicht so viel**" und „**Kehr dich an nichts**", Warten, die in einem Streit um den Wald zwischen den Leiningern und Kurpfalz im Anfange des 18. Jahrh. errichtet wurden. Das Thal verengt sich, je mehr man sich der Höhe nähert. (S. 86)</small>

Von Dürkheim nach Grünstadt per Bahn in 45 Min.

Die Fusswanderung über **Leistadt** und **Weisenheim** (etwa 2½ St.) ist lohnend.) Die nächste Stat. ist **Erpolzheim**, dem das freundliche Städtchen **Freinsheim** folgt, mit alten Mauern und Thoren und schöner Kirche. Folgt **Kirchheim a. d. Eck**, nahebei am Leininger Thal die Burgen **Battenberg** und **Neu-Leiningen**. In einigen Min. per Bahn, in 30 Min. zu Fuss ist **Grünstadt** erreicht. (Hôtel Ilgen; Pfälzer Hof; Gartenwirthsch. Jacobslust, Bier bei Seltsam.) Von Weinbergen umgeben, liegt die Stadt in freundlicher und fruchtbarer Landschaft. Seine alten Stadtmauerreste erinnern an die Zeit seiner starken Bewehrung. Die Leininger Dynasten hatten lange Zeit und bis zur ersten französischen Revolution hier ihre Residenz; in deren älterem Schloss befindet sich jetzt eine Fabrik, in dem neueren die Schule. Wie beinahe alle Städte und Dörfer an der Haardt, wurde auch Grünstadt von den Franzosen (1689) verheert, entging aber vollständiger Zerstörung durch eine List des Grafen Philipp Ludwig v. Leiningen, der von der Absicht der Franzosen unterrichtet, von sämmtlichen Häusern der Stadt die Dächer abwerfen liess. Auf dem *Grünstadter Berge ist trefflicher Aussichtspunkt in das idyllische Thal der Eiss und auf die Rheinebene.

Seitentour in das Leininger Thal. Von Grünstadt aus auf directer Strasse, über das Df. **Sausenheim** (in der protest. Kirche steht der schöne Taufstein der ehem. Klosterkirche von Höningen) ½ St., oder von Stat. **Kirchheim a. d. E.** in etwa gleicher Zeit dem Karlbach entlang, kommt man nach der hochgelegenen Ruine *Neuleiningen, der gegenüber Ruine **Battenberg**, — in der Nähe Ockergruben und bedeutende Sandsteinbrüche — zwischen beiden unten im Thale das Df. **Kleinkarlbach**, am Eingange des Leininger Thales liegt. Der Ort Neuleiningen liegt höchst malerisch auf einem Bergvorsprung, mit Ringmauern und Thürmen; innerhalb des Mauerberings liegen auch die

Trümmer des alten Schlosses, von dem aus man eine ausgezeichnete Aussicht geniesst. Neu-Leiningen war die neuere Stammburg des hier besitzreichen Leininger Geschlechts; dem Schicksale der meisten Nachbarburgen, im Bauernkriege eingeäschert zu werden, entging sie durch den Muth der Gräfin Eva v. Leiningen, die freiwillig allein zurückgeblieben, die liebenswürdige Wirthin, den Bauern selbst den Wein kredenzend, so spielte, dass die Bauern, vergnügt ob dieser Ehre, ohne Harm abzogen. 1690 wurde das Schloss von den Franzosen gesprengt. Die gothische **Stiftskirche** des Ortes hat schöne Grabgemälde und Grabdenkmäler.

Im schönen, durch Mühle und Höfe belebten Thale in dem sich auch ein Drahtzug (Gebr. Kuhn) befindet, führt der Weg aufwärts in ³/₄ St. nach dem Df. **Altleiningen,** in welchem der wasserreiche Brunnen, dem das Wasser in 20 armesdicken Röhren entströmt, eine Merkwürdigkeit ist. Oben liegen die mächtigen, fensterreichen Ruinen der alten Stammburg der Leininger, **Altleiningen,** deren Haupttheile aus dem 17. Jahrhundert stammen; die frühere Burg wurde im Bauernkriege zerstört.

¼ St. von Altleiningen liegen die nicht mehr bedeutenden Reste des ehemaligen berühmten Klosters **Höningen** und seiner schönen Kirche.

Eine lohnende Fusstour ist die von Altleiningen über **Wattenheim** nach der Klosterruine **Ramsen** (S. 61.) und Burg Stauf (von Wattenheim nach Ramsen mit Führer); von hier über Kloster **Rosenthal** nach **Göllheim** (S. 60.), etwa 4 St. — Göllheim-Dreisen ist Stat. der Donnersberger Bahn (S. 60.)

Von Neustadt nach Landau.

s. Karte.

Es dürfte hier am Platze sein, über die Gestaltung des **Haardtgebirges** und der **Vogesen** zwischen Grünstadt und Weissenburg einige Worte zu sagen.

Von Grünstadt aus über Dürkheim nach Neustadt und

Edenkoben sind die vorderen und hinteren Bergreihen langgestreckt und nehmen an Höhe zu bis nach Alsterweiler, von wo aus bis über Gleisweiler an die Grenze des Annweiler Thales dieselben am höchsten sind. Von der ersten Reihe dieser, zum Theil sehr hohen Berge hat man, in der Richtung von Dürkheim über Edenkoben herauf keine weitere Aussicht nach Westen, wo eine Bergreihe die andere deckt. Erst von dem, hinter Gleisweiler liegenden Teufelsberg und vom Orensberg aus geniesst man die umfassendste Aussicht nach Süd und West in die Thäler von Annweiler und Umgebung, über den Trifels, das Lindelbrunner Schloss nach der Wegelnburg u. s. w., weil vom Annweiler Thal aus das nach Süd und West gelegene Gebirge, die eigentlichen Vogesen, der Wasgau, eine ganz andere Formation hat, nämlich lauter einzelstehende, kegelförmige Berge, viele mit Felsen und Burgen gekrönt, zwischen welchen die lieblichsten Thälchen sehr schöne Durchfernsichten gestatten. Diese eigenthümliche Gebirgsformation vom Annweiler Thal aus bis zur östl. Grenze vom neuen Reichslande ist schon von der Rheinebene aus auffallend und gibt der ganzen Gegend von Annweiler und Dahn einen eigenthümlichen Reiz. Grossartig sind die Fernsichten vom Teufelsberg bei Gleisweiler und vom Orensberge, von wo aus man alle die etwas kleineren Bergkegel des Wasgaues leicht übersieht und daneben die langgestreckten und sämmtlich etwa 600 M. hohen Berge des oberen Haardtgebirges gegen Norden vor sich hat.

Nicht mit Unrecht nennt man diese Gegend die pfälzische Schweiz.

Neustadt-Landau. Von Neustadt führt die EB. über Stat. **Maikammer-Kirrweiler** in 13—17 Min. nach **Edenkoben** (5100 Einw.); Aussteigen z. Besuch der Ludwigshöhe; (Näheres s. weiter hinten unter „Fusstour von Annweiler über Gleisweiler nach Edenkoben"), von Edenkoben über die Stat. **Edesheim** und **Knörringen** in 14—25 Min. nach

Landau.

Post. 2mal nach Gleisweiler (Abf. im Schwan); 24 kr.; in 1½ nach Annweiler, Vormitt. u. Nachmittags, 39 kr.

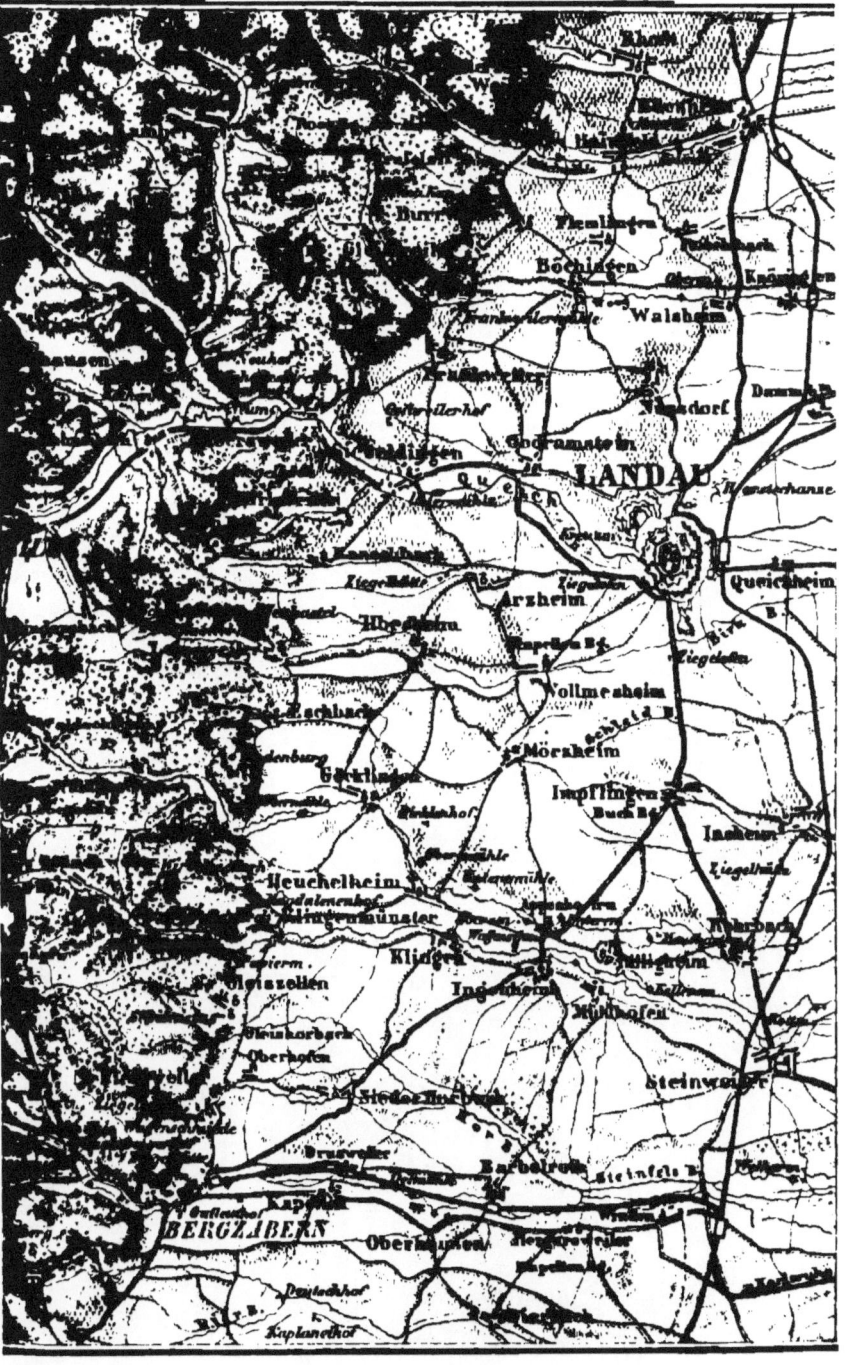

Privatomnibus nach Annweiler täglich 2mal, und nach Gleisweiler, Abfahrt am „Pfälzer Hof."
Omnibus am Bhf., deren Benutzung zu empfehlen, da der Weg zu Fuss vom Bhf. zum Mittelpunkte der Stadt 15 Min. lang ist.

Gasthöfe. *Pfälzer Hof; *Schwan, (Post); Drei Könige.

Landau, des „Landes Aue" was den Charakter der Gegend treffend bezeichnet, 7000 Einw., war bayrische Festung; es wurde 1254 von den Leiningern gegründet, und gehörte dann zu den Reichsstädten des Elsass. Im 30j. Krieg wurde es 7mal belagert, 1680 von Louis XIV. weggenommen und blieb von da ab, mit Ausnahme der Jahre 1703—13, bis 1814 bei Frankreich; es wurde 1686 durch Vauban befestigt. 1689 brannte L. beinahe gänzlich ab und hatte in den Jahren 1704, 1793, 1814 und 1815 erneute Belagerungen zu erdulden. Die jetzigen Befestigungen waren dem heutigen Standpunkte des Artilleriewesens ungenügend und es wird die Stadt jetzt entfestigt.

Das Thal von Annweiler und das Gebirgsland von Dahn.

(s. Karte.)

Diese Partieen gehören mit zu den schönsten im Bereiche dieses Buches. Vollen Genuss hat aber nur der Fussgänger zu erwarten, denn, wenn auch z. B. Annweiler leicht per Wagen (vom Frühjahr 1874 ab pr. Eisenbahn) zu erreichen ist, von dort aus der Besuch des Trifels und des Rehberg keine Schwierigkeiten bietet, so sind die angegebenen Partieen im Ganzen doch solche, die nur dem leichtgeschürzten Touristen ihre vollen Reize erschliessen; besonders gilt dies von der Dahner Gegend, oder richtiger von der Wanderung durch das Bergland zwischen Annweiler, Dahn und der Wegelnburg.

Wer nur die Gegend bei Annweiler besuchen will, nehme von Landau (oder Bad Gleisweiler) aus einen Wagen bis Annweiler, auf

welchem Wege man die Orte Siebeldingen und Albersweiler,
letzteres an der Gebirgspforte, und Queich-Hambach passirt. Die
hier fliessende Queich scheidet Vogesen und Haardt, war auch zeitweise Grenze zwischen Deutschland und Frankreich. Nahe bei Albersweiler liegt das einstige Beguinenkloster St. Johann in schöner Lage
am Fusse des Gebirges. Jetzt befindet sich hier ein Pensionat für Mädchen.
Von Annweiler mit Führer über Trifels, Rehberg, die Madenburg
nach Eschbach (S. 73), wo man vom Wagen, der unterdess von Annweiler nach Eschbach gefahren ist, erwartet wird. In dieser Weise
lässt sich die Partie bequem in einem Sommertage machen.

Eine höchst genussreiche, etwa 3tägige Tour würde sich
etwa in folgender Weise gestalten. Von Landau nach Annweiler, entweder in der vorhin bezeichneten Weise über die
Madenburg u. s. w., oder direct (pr. Wagen und von 1874
ab pr. Bahn im Queichthale) nach Annweiler, und von
hier aus Trifels u. s. w! —.

Von Annweiler über Poststation Kaltenbach, von da nach
der Stadt u. Schloss Dahn. Von hier nach der Wegelnburg,
von da zurück nach Erlenbach (Berwartstein) (mit Abstecher
nach dem Drachenfels bei Busenberg); von Erlenbach über
das Lindelbrunner Schloss im Gossersweiler Thal nach
Annweiler, von wo man dann die hübsche Fusstour über
Gleisweiler nach Edenkoben unreihen mag. In nachstehenden Schilderungen sind Wege und Entfernungen für diese
Route mit ihren Abzweigungen angegeben.

Von Landau über die Madenburg nach Trifels, Annweiler und Dahn.

Nach Df. Eschbach (Wirthsh. z. Engel; sehr bescheiden) am Fusse
der Madenburg (im Volksmunde „Eschbacher Schloss"), anderthalb St.;
per Einsp. in 1 St., 2 fl. 30 kr. h. u. zur. 3—3 fl. 30 kr., Zweisp. 3—4 fl.
Vor dem Dorfe werden die Fremden meist schon von einer Anzal Kin-
der erwartet, die versteinerte Fischzähne, ein sich am Fusse des Berges vorfindender Muschelkalk, und sich selbst als Wegweiser anbieten;
ein solcher ist zur Madenburg allein nicht, wohl aber von dieser zum
Rehberg und Trifels nöthig, (nach der Madenburg 18—24 kr., die
drei Punkte 54 kr. — 1 fl. 12 kr.) Der Weg zur Madenburg geht im
Dorfe l. ab; etwa Mitte des Berges hat man einen l. abgehenden, in
Steinbrüche führenden Fahrweg zu meiden; Fussweg (45 Miunten)
etwas steil.

Die *Madenburg, wahrscheinlich einst eine Reichsburg,
kommt 1107 urkundlich als Madelburg vor, und im Besitz
einer Gräfin Maddenberg; unter anderen Adelsgeschlechtern
hatten die Leininger, die von Sickingen und Flecken-

Die Madenburg.

stein sie zeitweise im Besitz; aus den Händen Ulrichs v. Württemberg kam sie 1530 an den Bischof von Speyer. (Inschrift am westl. Portal.) Im Bauernkriege wurde die Burg zerstört, aber wieder aufgebaut, im 30j. Kriege beschossen, 1634 von den Franzosen erobert, 1689 von Montclair zerstört. Die mächtigen Ruinen sind Privateigenthum einiger Bürger von Eschbach.

Der Blick nach der Rheinebene (Strassburger Münster, Landau, Carlsruhe, Speyerer und Wormser Dom, Jesuitenkirche in Mannheim u. s. w.) und über sie hin nach dem Schwarzwald, Odenwald ist prachtvoll, nicht minder grossartig aber der Blick über den Wasgau und die Gebirgswelt der Umgebung. Gruppen von Berghäuptern sind dahin gelagert, gekrönt mit Ruinen, meist aber mit burgähnlichen Felscolossen, Bergkuppe reiht sich an Bergkuppe; weithin sichtbar ragt der Thurm auf dem Rehberge empor. Die Aussicht hier wird von Vielen als die schönste der Pfalz gehalten. Die Ruinen der Madenburg sind in hohem Grade umfangreich und tragen noch mehrere Wappen aus dem bischöflich Speyer'schen Besitz.

Unten am Fusse des Gebirges liegen die ausgedehnten Gebäude der Irrenanstalt **Klingenmünster** (Post 2 mal nach Bahnstat. Rohrbach). In dem $1/4$ St. entfernten Münster sind die Reste der ehemaligen Abtei gl. N. Bei Klingenmünster liegt die leidlich erhaltene Ruine der ehemaligen Reichsveste Landeck, angeblich von einem fränkischen Statthalter zu König Chlodwigs Zeit auf den Ruinen eines Römercastells erbaut, 1689 von den Franzosen zerstört. König Dagobert residirte hier. Der mächtige aus Quadern aufgeführte Hauptthurm ist noch gut erhalten. Die Aussicht von der Burg ist sehr lieblich, wenn auch beschränkt.

Von der Madenburg auf gutem schattigen Waldwege (mit Führer) in etwa $1^{1}/_{2}$ St. nach dem $621^{1}/_{2}$ M. h. ***Rehberg,** von dessen Thurm die Aussicht prachtvoll ist, und dem Auge vorzüglich die Gebirgswelt des Wasgaues aufschliesst. Von hier nach dem *Trifels, (520 Mtr. ü. d. M.) Drei-Felsenburg, eigentlich eine auf drei Felsenmassen gelegene Burggruppe: Trifels, Anebos und Scharffenberg, letztere im Volksmunde „die Münz" genannt, (Führer vom Trifels nach Annweiler unnöthig; nach A. hinab ½ St. herauf 1 St.) Hier ist historischer Boden, denn vom Trifels aus (nach Anderen von der Maxburg aus) trat Heinrich IV. seine Bussfahrt nach Canossa an, hier wurden seit 1126 von den Hohenstaufen die Reichsinsignien bewahrt, — hier lebte von Palästina zurückkehrend, als Gefangener Richard Löwenherz, welcher der Sage nach von seinem treuen Sänger Blondel befreit wurde. Für die einstige Stärke der Burg spricht, dass mehrere Männer von Rang hierher als Gefangene gebracht wurden, z. B. der Mainzer Erzbischof Graf Adalbert von Saarburg, Graf Wiprecht v. Groitzsch, (Markgraf der Lausitz) u. A., wie denn der Trifels überhaupt im Mittelalter als Reichs-Staatsgefängniss verwerthet wurde. Schon im Bauernkriege scheint das Schloss viel gelitten zu haben, ein Blitzstrahl legte es 1602 vollends in Trümmer, aus denen es nicht wieder erstand. Es liegt auf einem fast senkrecht mit etwa 31 Mtr. über den Bergmassen aufsteigenden Felsen, mit einem dreiseitigen, etwa 94 Mtr. langen Plateau, auf dem sich eine weitere Staffel von 6 Mtr. erhebt. Das bedeutendste Ueberbleibsel ist ein mit trefflichen Quadern verblendeter, mächtiger, noch jetzt an 22 Mtr. hoh. Thurm; neben ihm sind mehrere tiefe Löcher, die wohl nicht, wie die Phantasie oft annimmt, als Eingänge zu Verliessen, sondern als Luftschachte für die unteren Räume dienten. Die in Gestalt eines Erkers am Thurm vortretende Chornische aus romanischer Zeit ist interessant. Man hatte den Thurm durch neues Mauerwerk ergänzt; in der oben aufgelegten Erdbedeckung sammelte sich Wasser, das in die Fugen dringend, als Eis sich ausdehnend, das Bersten des Thurmes herbeiführte, welchem indess durch eiserne Schienen ferner möglichst vorgebeugt ist. Von dem einst über der Burg gelegenen, von Barbarossa erbauten Marmorsaal ist nichts mehr vorhanden. Auf einem freien Platze „Tanzplatz" hat die Stadt Annweiler einen Denkstein errichtet. Die Gruppirung der Berghäupter ist ähnlich der von der Madenburg aus, wenn auch nicht so umfassend. Die äusserste Bergreihe im Westen, in welcher die Wegelnburg als der höchste und am meisten zugespitzte Berg sich auszeichnet, liegt zum Theil schon im Elsass. Das Lindelbrunner Schloss ist im Westen sichtbar; auffallend ist der Asselstein, ein 44 Mtr. hoh. Fels, der vom Gründer des Rehberg-Thurmes erstiegen und s. Z. mit einer Flagge geschmückt wurde.

Scharffenberg wurde noch mehr als der Trifels zum Staatsgefängniss benutzt und hier in unzugänglichen Felsenklüften duldeten besonders die Opfer der Politik der Kaiser Heinrich V. u. VI. Die Burgen Trifels, Scharffenberg und Anebos waren durch befestige Wege verbunden. Von Burg Anebos, die meist den Beamten als Wohnung diente, sind nur noch geringe Mauerreste vorhanden.

Annweiler (2805 E.) Post thalaufwärts nach Kaltenbach (Pirmasenz und Dahn) und abwärts nach Landau. Privatomnibus nach Landau mit den Zügen correspondirend.

Gasthöfe. Zum *Trifels (Folz).

Führer hier zu bestellen (1—1½ fl. pr. Tag.)

Annweiler, Städtchen in dem von der Queich durchströmten Thale, mit schönem, 1844 in rothem Sandstein nach dem Plane von Prof. Voit in München aufgeführten Rathhause, ist das Ziel vieler Ausflüge.

Neben den S. 74 angegebenen Reisewegen wählt man oft auch den von Landau direct hierher, besteigt den Trifels und Rehberg und kehrt zu Wagen nach Landau zurück, wenn man nicht vorzieht, vom Trifels die Fusstour über die Madenburg zu wählen.

Annweiler-Dahn. Von Annweiler im Thale nach Sarnstall $1/2$ St. Schon auf dieser kurzen Strecke treten dem Touristen eigenthümliche Felsbildungen entgegen, ein Vorspiel zu den späteren. Folgt Rinnthal in $1/2$ St., dann in $3/4$ St. Wilgartswiesen, mit schöner Kirche nach Voit'schen Plänen. Die Architectur in dem pfälzischen rothen Sandstein ist auch in dieser Gegend in öffentlichen und Privatgebäuden viel und in gutem Style angewendet. Weiter, der Chaussée entlang in 10 Min. zu einer Mühle. Wegweiser·

Hier geht r. ab die nach Poststation Kaltenbach (Pirmasenz - Zweibrücken) führende Chaussée, die in Kaltenbach links nach Dahn und Bergzabern abzweigt. Annweiler - Kaltenbach pr. Post. in $1^{3}/_{4}$ St.; Kaltenbach-Dahn $3/4$ St. Wegen guten Postanschlusses in Kaltenbach nach Dahn möge man indess vorher genaue Erkundigungen einziehen. (Vorläufig geht die Post von Kaltenbach nach Dahn Morgens 7^{35} und 2^{30} Nachmittags; Fahrzeit 45 Minuten.) Merkwürdig ist bei Kaltenbach der „Teufelstisch," gebildet durch 2 auf einem Berge stehende mächtige Felsenpfeiler, die mit einer Steinplatte bedeckt sind. — In Kaltenbach kann man beinahe stets ein Gericht delicater Forellen haben.

Bei erwähntem Wegweiser links am Ufer des Baches 15 Minuten; dann über den Bach um eine Bergecke biegend, in 10 Minuten in Hauenstein. Von hier ab ist ein Führer bis zum Fusse des Winterberges (von Hauenstein $1/2$ St. 9—12 kr.) nöthig, weiter, bis Erfweiler Führer (18—24 kr.) angenehm. Vom Fusse des Winterberges führt ein Waldpfad über denselben (nicht über die Himmelspforte, wie oft angegeben wird) steil hi-

Das Dahner Schloss.

nauf (25 Min.) bis zu einer Kapelle. Auf diesem Pfade hat man Gelegenheit, die Wege zu beobachten, auf denen das Holz von den Höhen der Berge von den Leuten zu Thal geführt wird, was dem Bewohner der Ebene als ein halsbrechendes Wagstück erscheinen muss. (Holzschlitterer, auch im Elsass). Von der Kapelle bergab, nicht zu fehlen, auf zerrissenem Wege in ½ St. nach Erfweiler; groteske Felsbildungen zu beiden Seiten. Hinter Erfweiler auf der Chaussée 5 Min. bis zu einer Krümmung derselben; hier l. am Waldrande auf Schloss **Alt-Dahn** (12 Min.)

Aehnlich dem Trifels bestand auch Schloss Dahn (Tan) aus 3 Felsenburgen mit den Namen Alt-Dahn, der ältesten Burg, Grevendahn und Dahnstein (Tanstein) auf der westl. Seite.

Schon im 12. Jahrhundert kommen Ritter von Tane vor, welche Alt-Dahn als Lehen des Bisthums Speyer inne hatten; 1287 bauten sie Grevendahn (Greventan) und 1238 Tanstein. Die Burgen (mit Ausnahme von Grevendahn, welches die Sponheimer Grafen 1339 erwarben und bis 1437 behielten, wo es dann durch verschiedene Hände ging) blieben in den Händen dieser Familie bis 1603, in welchem Jahre es, da die Familie ausgestorben war, an Speyer zurückkam. Die westl. Burg Dahnstein lag damals schon in Trümmern, Alt-Dahn wurde im 30¡. Kriege zerstört.

Die Ruinen von Alt- und Greven-Dahn, kurzweg jetzt *Dahner Schloss genannt, sind höchst merkwürdig; auf dieser Wanderung das erste Schloss, wo wir nicht allein Keller, sondern auch die Wohnungen, Gänge u. s. w. aus dem Stein herausgearbeitet finden. Es macht für den, der zum Erstenmale solches Bauwerk sieht, einen grossen Eindruck. Die verschiedenen Theile des Schlosses sind mit Treppen u. s. w. neu versehen, im Schlosshofe findet man Tische und Bänke, die oft von frohen, geselligen Kreisen besetzt sind. Jeder Theil des alten Steinschlosses bildet eine Studie für den Zeichner. Vor einiger Zeit entdeckte man hier ein tiefes Loch in Form eines Trichters, tief in den Felsen gehauen, oben mit schmaler Oeffnung. Wenn, wie man annimmt, das Loch ein Gefängniss war, so wurde ein Entweichen aus demselben unmöglich.

Eine halbe St. vom Städtchen Dahn liegen am r. Ufer der Lauter die, von Touristen selten besuchten, im Buchenwald versteckten romantischen Ruinen des Schlosses Neudahn (Neutan). Vom Schlosse Dahn in ½ St. nach dem Städtchen Dahn. Wer von Stadt Dahn aus das Schloss besuchen will, geht in 5 Min. bis zu einer Kapelle, dann l. Waldpfad bis zur Strasse, von da auf gutem Pfad bis zum Schloss hinauf, zusammen drei Viertel St. Wer die vorstehende Tour in umgekehrter Weise, also von Dahn über den Winterberg nach Wilgartswiesen und Annweiler machen will, möge in Erfweiler oder besser noch von Dahn aus einen Führer bis Hauenstein (S. 78) nehmen.

Wer den Drachenfals und Berwartstein nicht, und nur das Lindelbrunner Schloss besuchen will, nimmt von Dahn aus — über Schloss Dahn — einen Führer bis zum Forsthause beim Lindelbrunner Schloss, (etwa 3 St.)

Dahn ist ein kleines Städtchen (Gasth. z. Pfalz); Post 2mal über Kaltenbach (45 Min.) nach Annweiler (anderseits, über Busenberg 2mal nach Bergzabern (3½ St.; Bahnstat.) Ueber dem Orte liegt der unschwer zu ersteigende Jungfernsprung, auf Grund einer Sage so genannt; es ist eine in schroffen Wänden nach dem Orte zu abfallende Felsenmasse, oben befindet sich ein Kreuz, bei dem sich eine treffliche Aussicht eröffnet. Auf der anderen Seite des Ortes liegt auf dem Schützenberge der *Hochstein.

Von Dahn führt Chaussée (hier, etwa 20 Min. vor Dahn vorzüglicher *Blick auf Schloss Dahn) in 1¼ St. (pr. Post ¾ St.) nach Busenberg an der Strasse nach Bergzabern. In Busenberg r. Aufgang zum *Drachenfels (anfangs 10 Min. Fahrweg, dann l. ohne eigentlichen Pfad die Höhe hinauf, in Allem ½ St.). Zeit der Erbauung der Burg ist nicht genau bestimmt, aber friedliebende Leute scheinen die Herren vom Drachenfels nicht gewesen zu sein, da, angeblich wegen Raub, die Burg 1335 von den Strassburgern zerstört wurde. Indess muss sie bald wieder aufgebaut worden sein, denn wir finden sie nicht lange darauf im Besitz der Ritter von Dürkheim. Gegen Ende des 15. und zu Anfang des 16. Jahrhunderts gewann sie eine höhere Bedeutung, indem sie als ein Centralpunkt für den wasgauer Adel diente, wo die politischen Verhältnisse der damaligen Zeit berathen wurden. Es liessen sich u. A. der Erzherzog von Oesterreich (Kaiser Max I.), Franz von Sickingen und sonstige bedeutende Männer zu Gemeinern oder Gauerben der Burg aufnehmen. Die Burg bestand aus zwei Theilen, beide in den Fels hineingebaut; Wohnungen, Gänge — Alles aus dem rothen Sandstein herausgearbeitet. Originell ist dies Felsennest mit seinen Steinhöhlen, die einst die Wohnungen bildeten, nur in nächster Nähe als solche erkennbar. Leitern und einige Treppenreste gestatten an wenigen Punkten das Besteigen. Der ehemalige Hofraum ist mit Gestrüpp und Dornen bewachsen, die Aussicht nach Dahn u. s. w. vortrefflich.

Um vom Drachenfels zur Chaussée in der Richtung Erlenbach-Bergzabern zu gelangen, geht man nicht nach Busenberg zurück, sondern in einer Thalmulde der schon vom Drachenfels aus sichtbaren, hochgelegenen Chaussée auf einem Feldwege, zu. Auf der Chaussée angekommen, hat man einen ausgezeichneten Rückblick auf den Drachenfels. Nach 1½ St. gelangt man an den r. nach Erlenbach, (l. nach Bergzabern) abführenden Fahrweg. Wegweiser; 10 Min. bis Dorf Erlenbach. (Gasth. von Dahm; bescheiden aber gut, etwa 3—4 Betten.) Erlenbach liegt am Fusse der Ruine *Berwartstein (Bärbelstein), 15 Min.

Wie bei Schloss Dahn, Drachenfels u. A., so findet man auch hier eine Burg, die zum grössten Theile eine Felsenburg ist, die Räume durch von Menschenhand ausgehöhlte und durchfurchte Felsen gebildet; mehrere Stockwerke umfassen auch hier diese Felsenhöhlen, auf denen hoch oben die ritterlichen Wohnungen gethront haben. Ein natürlicher

Die Wegelnburg.

Pfeiler im Rittersaal bildet die Stütze des Haupt-Oberbaues. Gestattet auch der Sandstein eine leichtere Bearbeitung, so mag man es doch als eine schwere und oft durch Jahrhunderte sich hinziehende Aufgabe betrachten, diese Felscolosse zu menschlichen Wohnungen herzurichten.

Die Burg ist alten Ursprungs, denn schon 1152 wurde sie vom Kaiser Friedrich I. dem Hochstifte Speyer geschenkt. Sie ging später durch mehrere Hände und ihre Besitzer waren in selten unterbrochenem Hader mit ihren Nachbarn. Zudem gaben die Besitztitel oft zu Streitigkeiten welche selbst vor Kaiser und Reich zum Austrag kamen, und oft bitteren Kämpfen, Anlass, auf deren Schilderung wir hier verzichten müssen und können. 1315 wurde das Raubnest von den Strassburgern und Hagenauern eingenommen.

Auf der Berghöhe, dem Berwartstein gegenüber, liegt, kaum sichtbar durch das umgebende Gebüsch, der in beinahe 2³/₄ Meter starken Mauern erbaute Thurm Klein-Frankreich, wahrscheinlich einst ein Vorwerk des Berwartsteins.

Die *Wegelnburg. Seitentour von Erlenbach oder Dahn aus. Von Erlenbach (Führer unnöthig) in ³/₄ St. dem Bache entlang nach Nieder-Schlettenbach, (in der Nähe die St. Anna-Capelle mit dem Denkmal des kurpfälzischen Marschalls Hans v. Drot) nahe dem „Oberen Mundat-Wald", dann in 1 St. nach Nothweiler, bei welchem Dorfe die Wegelnburg, etwa 600 Mtr. ü. d. M. liegt.

Sie war einst deutsche Reichsburg und wurde vom Pfalzverwüster Montclar zerstört. Es eröffnet sich hier, hart an der Grenze der deutschen Reichslande, die prächtigste Aussicht einerseits über das Lindelbrunner Schloss nach der Madenburg, dem Trifels und den bedeutenden Höhen des

Die Wegelnburg.

oberen Haardtgebirges, andererseits in das Hügelland und die Ebene des südöstlich an diesen Berg grenzenden Elsass. Das Strassburger Münster ist sichtbar, ja die schweizerischen Alpenspitzen wollen Manche erkennen. In mancher Beziehung übertrifft die grossartige Umschau weit die von der Madenburg und dem Lindelbrunner Schloss. Die Burg wurde 1680 zerstört; der Ruinen sind nur noch wenige da. In der Nähe liegen hart an der Pfalzgrenze die Burgen Hohenburg, *Fleckenstein, Blumenstein und Wasenstein und eine Menge anderer; kaum mögen irgendwo eine so grosse Anzahl Burgen auf wenige Meilen in der Runde gelegen sein, wie hier. Man zählt angeblich etwa 40.

Von Dahn aus zur Wegelnburg führt der Weg auf Chaussée, der Lauter entlang in 1³/₄ St. nach Bruchweiler; interessante Wanderung, auf allen Seiten zerklüftete, romantische Felsmassen. Etwa 25 Min. hinter Bruchweiler r. ab in 20 Min. nach Rumbach und von da durch das freundliche Rumbacher Thal nach Schönau, Dorf mit Eisenwerken, von hier — mit Führer — in 1¼ St. auf die Wegelnburg. Der von Dahn oder Erlenbach gekommene Tourist geht von hier aus am bequemsten nach Weissenburg, das zur französischen Zeit der lästigen Zoll- und Passrevision wegen möglichst vermieden wurde. Von der Wegelnburg über die Berge (Führer bis auf den Bergkamm) in 1½ St. nach Bodenthal hinunter im Thale der Lauter, dann auf Fahrstrasse in 1 St. nach Germansdorf, von da in 1 St. nach Weissenburg. (S. 88.)

Erlenbach-Lindelbrunn-Annweiler. Von Erlenbach (Führer bis zum Lindelbrunner Forsthaus 18 — 24 kr., angenehm aber nicht unbedingt nothwendig) über Vorder-Weidenthal, 20—25 Min. bei den letzten Häusern links schmaler sandiger Fahrweg eine Anhöhe hinauf, links der **Buhlstein** und der einer Felsenfestung ähnliche **Rödelstein.** Auf dem Kamm der Anhöhe sieht man das Lindelbrunner Schloss. Von Erlenbach bis zum **Lindelbrunner Forsthaus** (einfache Erfrischungen, freundliche Aufnahme, auch Nachtquartier) 1¼ St. — Waldweg vom Forsthaus in 10 Min. auf das *Lindelbrunner Schloss. Unstreitig ist dieser Punkt einer der interessantesten der Gegend. Ein isolirter Felsenberg, frei nach allen Seiten liegend, trägt die Ruinen der Burg, von denen uns eine grossartige Fernsicht geboten wird. Eine Reihe der Felscolosse des Wasgaues liegen vor den Blicken, unter denen die **Wegelnburg** im Westen besonders hervortritt. Sehr schön ist der Blick auf die Felsenberge am Thale von Annweiler, Rehberg, Trifels u. s. w. Die Ruinen sind im Ganzen nur noch unbedeutend; interessant ist ein ohne grosse Schwierigkeit zu betretendes kleines Felsplateau neben der Ruine.

Das Schloss (früher Lindelbolln, Lindelbühel,) war einst Reichsfeste, kam dann an die Leininger Grafen und wurde im Bauernkriege zerstört.

Auf Fahrwege in ½ St. nach Df. **Gossersweiler,** den Rehberg und Trifels vor den Blicken. Von hier ab ¼ St. **Völkersweiler.** Hier zweigt die Chaussée r. nach **Waldrohrbach,** l. nach **Annweiler** ab. Man achte genau hierauf. Der Rehberg bleibt r. liegen. Von dieser Stelle in 1 St. bergab nach Annweiler.

Die Partie von Erlenbach über das Lindelbrunner Schloss und durch das Thal von Gossersweiler ist eine der schönsten des **Wasgaues.** Mitten durch die, in oft phantastischen Formen auftretende Gebirgswelt schreitet der Fuss des Wanderers.

Wer von **Annweiler** aus die zuletzt geschilderte Tour über die Berge nach **Dahn** macht, geht der Chaussée nach in 2 St. bergan nach **Gossersweiler.** Von hier aus über das Lindelbrunner Schloss bis **Vorderweidenthal.** Weidenthal bis Erlenbach (Berwartstein) 20—25 M. Touristen, welche letztere Reiseweise wählend, den Berwartstein und Drachenfels (S. 80) nicht besuchen wollen, gehen — mit Führer — vom Lindenbrunner Forsthaus in 2½ St. direct nach Schloss D a h n. Wer von D a h n aus das Lindelbrunner Schloss besuchen will, ohne den Drachenfels und Berwartstein zu besuchen, nimmt in Erfweiler (besser schon von Stadt D a h n aus) einen Führer.

Fusstour von Annweiler über Bad Gleisweiler nach Edenkoben.

Von Annweiler der Chaussée entlang in 1 St. nach Albersweiler (bis hierher ist auch Post oder Omnibus zu benutzen, 12 kr.); in Albersweiler 1. hinauf nach St. Johann (S. 74) 10 Min.; hier im Ort l. der gepflasterten Strasse entlang und r. vom „Schlösschen" eine Treppe hinauf, den Friedhof links lassend auf Fusspfad am Waldrande über die „Steigerter Höfe" (auf der Stelle der Veste Alt-Scharfeneck); die Reste dieses Sitzes der alten Gaugrafen wurden 1834 zum Bau der Festung Germersheim verwendet; bei einer Papierfabrik unmittelbar r. vorbei; hinter dieser führt der untere Weg nach Df. G l e i s w e i l e r, der obere (von Albersweiler in 1¼ St.) nach

*Bad Gleisweiler. (Für Gleisweiler ist Landau Bahnstation. Fahrgelegenheiten s. S. 72). Von Dr. Schneider 1844 gegründet, in herrlicher Lage, ist dieser Punkt zu einer Heilanstalt ausserordentlich geeignet. Es werden hier Kaltwasser-, Molken- und Traubenkuren angewendet, die durch andere Heilmittel, als Kiefernadelbäder, electrische Apparate u. s. w. unterstützt werden. Kurpreise, je nach der Jahreszeit und der Wahl der Wohnung (15—25 fl. pr. Woche). Die reizende Lage des Bades macht dasselbe auch sehr zum Sommeraufenthalt für Gesunde geeignet, die von hier aus,

so recht im Mittelpunkte einer herrlichen Gegend, die dankbarsten Ausflüge machen können, während bei unfreundlichem Wetter das gesellige Leben der Hausbewohner, sowie Bibliothek, Musik, Billard und andere Spiele, wieder Genüsse anderer Art bieten.
Viel besucht (am besten vom nahen Burweiler aus in ½ St.) v. Gleisweiler ¾ St.,ist die uralte,wennauch verjüngte *St. Annacapelle mit ausgezeichneter Aussicht in die Rheinebene vom Dom zu Worms bis zum Strassburger Münster, vom Odenwald bis zum Schwarzwald bei Freiburg; die Kapelle ist Wallfahrtsort.

Ein, besonders von Gleisweiler aus viel besuchter Punkt ist der *Teufelsberg (636 Meter hoch) unmittelbar hinter Bad Gleisweiler, ¾ Stunde, vor Allem aber der das schönste Panorama der näheren Umgegend besonders nach dem Gebirge zu aufschliesende *Orensberg (früher Odinsberg), dessen etwa 600 Mtr. hohes Plateau vorzüglich gegen Norden von einer noch wohlerhaltenen sogenannten „Heidenmauer" eingeschlossen ist, während die Südwestseite mit dem von einem eisernen Geländer umgebenen imposanten steil in das Annweiler Thal hinabsteigenden Orensfelsen abschliesst. Nach dem Orensberg h. u. zur. in 3—4 St.; der Besuch von Burg *Scharfeneck ist leicht damit zu verbinden. Von Gleisweiler westl. in 15 Min. zu einer Papierfabrik (S. 85) hier r. in dasThal aufwärts, (Führer nach Scharfeneck wie zum Orensberg nicht unbedingt nöthig, da der hier thätige „Verschönerungsverein" für Wegweiser gesorgt hat). Die Burg ist sehr umfaugreich und wurde im 30jähr. Kriege zerstört. Nahebei Df. Ramberg mit der einstigen Reichsveste Ramberg. Im nahen Thale des Modenbach, gegen Nordost, der bei Burweiler in die Ebene tritt, liegt die schwer zugängliche Burgruine Modeneck, ½ St. von Ramberg. Weiter aufwärts liegt der 664 Mr. h. Steigerkopf, gewöhnlich „Schänzel" genannt (S. 87).

Von Gleisweiler nach Burweiler am Eingang des **Modenbach-Thales** in 20 Min. In der sehr alten Kirche des Ortes ist ein im Styl der Renaissance ausgeführtes Grabdenkmal eines Herrn v. Gaisberg, aus dem 16. Jahrh.; in allegorischen Gestalten sind die Hoffnung, Tapferkeit, der Glaube und die Grossmuth dargestellt, letztere in Gestalt eines Türken! Ein Gemälde, Christus am Kreuze, schreibt man Van Dyck zu. Bei einem Brunnen in Mitte dieses Orts r. ab bis zu einer Ruhebank, dann l. durch die Weinberge bis zu einer Mühle, hinter dieser auf Weinbergspfad hinauf nach **Weyher** 45 Min. Man geht durch das ganze stattliche Dorf, an dessen Ende Wegweiser, dann in 15 Min. nach der *****Ludwigshöhe**, Villa des 1868 gest. Ludwig I. von Baiern. Das Innere ist ohne besonderes Interesse, dagegen vom oberen Balcon prachtvoller Blick über die Rheinebene, und vom Odenwald bis in die Gegend von Strassburg. Man sieht angeblich 65 Orte. Unten Df. Rhodt.

Etwa 330 Mr. höher als die Ludwigshöhe liegt die Ruine der **Rietburg**, besuchenswerth durch die prachtvolle sich hier eröffnende Aussicht, die bei klarem Himmel vom Dom zu Worms bis zum Strassburger Münster reicht. Die Ritter vom Rietburg scheinen ächte Wegelagerer gewesen zu sein. Geschichtlich steht es fest, dass, als 1295 die Gemahlin des König Wilhelm von Holland von Worms nach dem Trifels reisen wollte, sie bei Edesheim vom Ritter Herrman von Rietburg geplündert und mit ihrem Gefolge auf die Rietburg gebracht wurde, wofür der edle Ritter den gebührenden Lohn erhielt.

Auf dem durch das Tiefenbachthal von hier aus in etwa 2 St. zu erreichenden „Schänzel" (ca. 600 Mt. ü. d. M.) ist das Grabmal des preuss. Generals Pfau, im Kampf gegen die Franzosen 1794 hier gefallen. Feldmarschal Wurmser liess dies Denkmal errichten. — Die Ebene ist mit Rebengärten bedeckt, die Weinproduction massenhaft.

Bei den zur Villa Ludwigshöhe gehörenden Stallgebäuden
r. einige Stufen hinunter auf einen zur Chaussée leitenden
Fusspfade. In 45 Min. erreicht man die Stadt u. EB.-Stat.
Edenkoben (Gasthof: *Goldenes Schaaf mit schönem
Garten.) Fusstour von Neustadt nach Ludwigshöhe (siehe S. 32.)

Landau-Winden-Weissenburg.

Von Landau über die Stat. Rohrbach nach Winden,
1,17. FZ. 20 Min.

Auf dieser Strecke — wie überhaupt schon von Neustadt ab, — Platz
am Wagenfenster r. zu empfehlen, aus welchem treffliche Blicke nach
der Berglandschaft gestattet sind; die Madenburg, der Trifels, Rehberg
und eine Anzahl anderer Bergkegel des Wasgaues liegen vor den Blicken.

W i n d e n ist Knotenpunkt für die Linien nach Bergzabern,
Weissenburg und nach Maximiliansau (Carlsruhe).

Von Winden über die Grenzstat. Schaidt nach Weissenburg im Elsass 2,1, FZ. 25 Min.

Weissenburg

mit etwa 6000 E. an der Waldlauter. Hier stiftete König Dagobert einst die berühmt gewordene Benedictiner-Abtei Wizzenburg, in der der Mönch Ottfried in seiner „Evangelienharmonie" in fränkisch-deutscher Mundart, deutscher Nation und Sprache einen Grund- und Eckstein gab. Wie alle Städte weit und breit, erlitt auch W. im Laufe der Jahrhunderte schwere Drangsale, und nicht zum erstenmale war die Gegend von W. 1870 Gefechtsfeld. Von hier ziehen sich die in den Kriegen der letzten Jahrhunderte oft bedeutsam gewordenen „Weissenburger Linien" bis Lauterburg; sie bestanden aus, am r. Ufer der Lauter sich hinziehenden Schanzen und Brustwehren. In neuester Zeit ist W. viel genannt durch die Schlacht von Weissenburg (4. Aug. 1870), welche den Reigen der grossen Kämpfe des deutsch-französischen Krieges eröffnete. W. wurde von Preussen und Bayern gestürmt, allein der Hauptkampf fand um den nahen **Gaisberg** statt, der nach schweren Verlusten der Angreifer, den Franzosen unter General Abel Donay, der hier fiel, entrissen wurde. Auf deutscher Seite leitete vom Df. Schweigen aus der Kronprinz von Preussen die Schlacht.

Man geht vom Bhf. (nahebei am Thor, das oft bildlich dargestellte Douanenhäuschen, wohin die ersten gefangenen Turko's gebracht wurden) auf Chaussée in 15 Min. nach Df. Allenstadt; r. am Wege mehrere Soldatengräber. Bei Allenstadt über die Eisenbahn, r. den mittleren Fahrweg in 25—30 Min. hinauf zum Schloss (jetzt Meierhof) auf dem Gaisberge, von dessen Terrasse man guten Umblick über das ganze Schlachtfeld hat. Nahe hinter dem Schlosse führt ein Fussweg nach der Höhe zu den „drei Pappeln" wo General Donay fiel. Hier, wie am Schloss, Massengräber. Von hier führen Fahr- und Fusswege in 35—40 Min. hinunter nach Weissenburg.

Vom Gaisberge aus übersieht man den grossen Bienwald, der beinahe die ganze Gegend zwischen Rhein und Lauter bis zu den Stat. Schaidt und Langenkandel bedeckt.

Sehenswerth in Weissenburg (Gasth. Engel, Krone, Schwan) ist die gothische *Stiftskirche. Die Stadt, obgleich keine Festung mehr, hat noch ihre alten Wälle und Thore.

In Weissenburg führt die Reichsbahn weiter nach Hagenau und Strassburg (FZ. 1⁵⁰—2²⁵ Min.)

Winden-Bergzabern.

Von Winden über die Stat. Barbelroth-Oberhausen und Kapellen-Drusweiler nach Bergzabern (1,³³, FZ. 25 Min.), wo diese Linie vorläufig mündet. Die Lage des Städtchens am Fusse der Berge ist sehr freundlich (Gast.· z. Engel). B. hat noch Reste von Ringmauern und massive Thürme. Bei der Stadt steht das Schloss, einst oft Residenz der Zweibrücker Dynasten.

Winden-Maximiliansau (Carlsruhe).

Von Winden über die in der Ebene liegenden Stat. Wörth, Langenkandel nach Maximiliansau (2,⁴¹, FZ. 30 M.) Von hier führt der Zug über eine Schiffbrücke über den Rhein nach der am r. Ufer liegenden badischen Stat. Maxau. Von Maxau in 25 Min. nach

Carlsruhe.

Knotenpunkt und Centralbhf. für die Linien nach Bruchsal-Heidelberg-Mannheim; Baden-Baden-Kehl-Basel; Pforz-

heim-Mühlacker-Heilbronn; Maxau-Winden, Schwetzingen-Mannheim.
Haltestelle für die Linie Maxau am Mühlburger Thor.
FZ.: Heidelberg 1^5—1^{40}; Mannheim 1^{45}—2 St.; Frankfurt 3^{20}—5^{10}; Stuttgart 2^{25}—3^{50}; Strassburg 2^{37}—3^{12}.
Staatstelegraph, Herrenstrasse 23.
Packträger v. Bahnhof n. d. Stadt, Gepäck unter 100 Pfd. 9 kr.
Gasthöfe. *Erbprinz (Iffland) nahe d. Theater; Engl. Hof (Schneider), Marktplatz; Hôtel Grosse, ebend. (viele Kaufleute); Rothes Haus; *Weisser Bären (Stoffleth), nahe am Bhf., kein Serv. u. Bougies, nicht theuer. Grüner Hof (Höck)am Bahnhf., bequem f. Passanten. Hoftheater. Jeden Mittwoch Vorstellung in Baden-Baden; hier: Sonnt., Dienst., Donnerstag und Freitag.
Bei beschränkter Zeit nehme man einen Dienstmann als Führer, v. Bhf., durch die Carl-Friedrich-Str. zum Markgräfl. Palais; Gewerbehalle, Schlossplatz, Kunsthalle, Wintergarten, Botan. Garten, Theater und Schlossgarten, Friedrichsplatz, Polyt. Schule, Friedhof u. s. w.
Droschken laut Taxe.

Carlsruhe, Residenzstadt des Grossherzogs von Baden, mit 38,000 Einw.; wurde erst 1715 durch den Markgrafen Karl III. gegründet. Der Schlossthurm bildet gewissermassen den Centralpunkt, von welchem aus die Strassen in südl. Richtung auslaufen. In nördl. Richtung liegen der Park und der Hardtwald. Vom Bahnhf. tritt man zunächst in die Carl-Friedrich-Str. ein, daselbst das Markgräfl. Palais, vor demselben ein, zum Andenken an Grossherz. Carl († 1818) errichteter Obelisk. In derselben Strasse befindet sich die Landesgewerbehalle (10—12, 2—4 U. freier Eintritt), ferner die mit einer Säulenhalle geschmückte evang. Stadtkirche, ihr gegenüber das Rathhaus. Auf dem anstossenden Marktplatze ruht unter einer Steinpyramide die Asche des Markgrafen Carl († 1738), des Gründers der Stadt. Von hohem Interesse ist der Besuch, für Fremde zu jeder Tageszeit, (Sonnt. u. Mittw. 11—1, 2—4 U. gratis, ausserdem 30 kr.) der *Kunsthalle (Linkenheimer Str.), Plastik und Malerei ist in ihr würdig vertreten. Im unteren Corridor die permanente Kunst-Ausstellung. Der gefeierte Künstler, Prof. C. F. Lessing, ist Direktor der Kunsthalle. An dieselbe stösst der Botanische Garten, (für Fremde zu jeder Tageszeit offen; die Pflanzenhäuser Montags und Freitags 10—12, 2—4 U.) mit Palmenhaus und Orangeriegebäude;

prachtvolle Allée von Citronen- u. Orangenbäumen. Nebenan im Schlossgarten, Denkmal des Dichters Hebel, Statue von Hermann und Dorothea v. Steinhäuser, (Fontainen v. 12 U. ab). Das Besteigen (Anfr. beim Castellan) des „Bleithurmes" vom Residenzschlosse ist der Aussicht wegen zu empfehlen. Der grosse Schlossplatz wird vom Hoftheater, vom Marstall und an der Südseite von den Colonaden des Schlossplatzes begrenzt. Auf dem Platze befindet sich die Statue Karls Friedrich I. von Schwanthaler von schönen. neuen Anlagen mit Fontainen umgeben.

In einem Flügel des Schlosses befindet sich die 70,000 Bde. enthaltende Hofbibliothek (11—12, 3—5 an Wochentagen) und das Naturalienkabinet (Montags und Donnerstags 10—12, 2—4 U.) und eine Münzsammlung. Das Hoftheater wurde nach den Plänen des Baudirektor Hübsch ausgeführt, 1853 vollendet. Am Ende der Waldhornstrasse liegt der Friedhof mit einer Anzahl treffl. ausgeführter Denkmäler u. A. das, den beim Theaterbrand (1847) Verunglückten errichtete, dann das den, 1849 in Baden gefallenen preuss. Offizieren und Soldaten gewidmete, nach den Entwürfen des Königs Friedrich Wilhelm IV. v. Preussen errichtete, ebenso grossartig als schöne *Preussen-Denkmal. Berühmt ist die Polytechnische Schule beim Durlacher Thor (800 Schüler). Sehenswerthe Modellsammlung. In der Nähe ist das 1849 von der Bürgerwehr gegen die Insurgenten energisch vertheidigte Zeughaus. Die hohe Industrie ist durch die (früher Kessler'sche) Actien-Maschinenfabrik (unfern vom Bahnhf.), sowie mehrere andere, namentlich Meublesfabriken, vertreten.

Register.

Albersweiler 74. 85.
Albisheim 62.
Allenstadt 89.
Alsenz 48,
Alsenzthal d. 43.
Alsheim 26.
Alsterweiler 33.
Altbaumburg 48.
Alten-Dahn 19.
Altenglan 39. 53.
Altleiningen 71.
Alzey 25. 62.
Anebos 76.
St. Annacapelle 82.
St. Annacapelle 86.
Annweiler 74. 77. 85.
Annweilerthal 73.
Appenthal 35.
Asselstein, der 76.
Assmannshausen 59.
Barbelroth 89.
Bastenhaus 45.
Battenberg 70.
Bayerfeld 48.
Bensheim 25.
Berghausen 21.
Bergzabern 89.
Berwartstein 81.
Bexbach 41. 89.
Bienwald 89.
Bierbach 40.
Bingart 50.
Bingen 59.
Bingerbrück 56.
Blieskastel 40.
Blumenstein 83.
Bobenheim 22.

Böckelheim Schloss 52.
Bodenheim 26.
Bodenthal 83..
Böhl 31.
Börrstadt 60.
Breitenstein Ruine 35.
Breunigweiler 61.
Bruchmühlbach 39.
Bruchweiler 83.
Buhlstein 84.
Burweiler 86. 87.
Busenberg 80.
Carlsruhe 89.
Castel bei Mainz 27. 31.
Cölln 48.
Creuznach 54.
Cusel 39. 53
Dahn 79. 85.
Dahn Stadt 80.
Dahnstein 79.
Dannenfels 45.
Deidesheim 63. 64.
Dielkirchen 48.
Diemerstein 36.
Disibodenberg 52.
Donnersberg 45. 60.
Drachenfels 80.
Dreihof 21.
Dreisen 60.
Drusweiler 89.
Dudweiler 41.
Dürkheim 65.
Ebernburg 49.
Edenkoben 34. 72. 88.
Edesheim 72.
Ehrenfels 57.
Einöd 40.

Eisenbach 39.
Eisenberg 61.
Elisenhöhe 56.
Elmstein 35. 40.
Elmsteiner Thal 35.
Enkenbach 44.
Erfweiler 78. 79.
Erlenbach 81.
Erphenstein 35.
Erpolzheim 70.
Eschbach 74.
Eschkopf. d. 35.
Falkenstein 47. 49.
Falkensteiner Thal 44. 47.
Finthen 31.
Fleckenstein 83.
Forst 64.
Frankeneck 25.
Frankenstein 35. 69.
Frankenthal 22.
Freinsheim 70.
Friedrichsthal 41.
Gaisberg 89.
Gans, die 51.
Geiersberg 65.
Germansdorf 83.
Germersheim 21.
Gimmeldingen 64,
Glan-Münchweiler 39.
Glanthal, das 39. 52,
Gleisweiler 85.
Göllheim 60. 71.
Gossersweiler 84.
Grethen 66.
Grevendahn 79.
Grevenhausen 34.
Grünstadt 70.
Guntersblum 26.
Haardt 32. 64.
Haardtgebirge 71.
Hambacher Schloss 32.

Hambach (Ober- Mittel- und Nieder) 32. 33.
Hartenburg, Dorf 68.
Hartenburg, Burg 68.
Harxheim 63.
Hassel 41.
Hassloch 31.
Hauenstein 78.
Hauptstuhl 39.
Hausen 68.
Heidelberg 11.
Heiligenstein 21.
Herrnsheim 26
Himmelspforte 78.
Hochspeyer 36. 44.
Hochstadt 21.
Hochstein 44.
Hochstein, der 80.
Hochstätten 48.
Hofheim 25.
Hohenburg 83.
Hohenfels 46.
Homburg 39.
Höningen 71.
Jägerthal, das 69.
Imsweiler 44. 48.
St. Ingbert 41.
St. Johann 74. 85.
St. Johann-Saarbrücken 41.
Johanniskreuz 35.
Isenachthal, das 69.
Kaiserslautern 37. 60.
Kalmit 34.
Kaltenbach 78.
Kapellen 89.
Karlsberg 39.
Karlshalle 53.
Karlsruhe 89.
Kauzenberg, der 56.
Kehr dich an nichts. 69.
Kirchheimbolanden 61.
Kirchheim a. d. Eck. 70.

Kirrweiler 72.
Kleinfrankreich 82.
Kleinkarlbach 70. 82.
Klingenmünster 75.
Klopp, Burg 58.
Knörringen 72.
Königsbach 64. 74.
Kreuznach 54.
Krobsburg 34.
Kusel 39. 53.
Lambrecht 34.
Landau 72.
Landeck 75.
Landskron b. Oppenheim 26.
Landstuhl 38.
Langenkandel 89.
Langenlonsheim 56.
Langmeil 44. 60.
Laubenheim bei Mainz 26.
Lautzkirchen 40.
Leininger Thal, das 70.
Leistadt 70.
Lemberg 50.
Lichtenberg 39.
Limburg, Abtei 66.
Lindelbrunner Schloss. 84.
Lingenfeld 21.
Ludwigshafen 7.
Ludwigshöhe 34. 97.
Lustadt 21.
Madenburg 74.
Maikammer 34. 72.
Mainz 26.
Mannheim 9.
Mannweiler 48.
Marienthal 45.
Marnheim 25. 62.
St. Martin 33.
Mäusethurm, der 57.
Maxau 89.
Maxburg 32.
Maximiliansau 89.

Meisenheim 53.
Mettenheim 26.
Michaelskapelle 64.
Modenbachthal 87.
Modeneck 86.
Mölsheim 63.
Monsheim 25. 63.
Montfort 50.
Moorlautern 37.
Mordkammerthal 47.
Moschel-Landsburg, die 48.
Münchweiler 44.
Münster 75.
Münster a. Stein 50.
Murr nicht zu viel 69.
Mussbach 63.
Mutterstadt 16.
Nackenheim 26.
Neidenfels 36.
Neu-Dahn 80.
Neuhemsbach 44.
Neuleiningen 70.
Neunkirchen 41.
Neustadt a. d. H. 31.
Niedermohr 39.
Niedermoschel 48.
Niederschlettenbach 82.
Niederwald, der 59.
Nierstein 26.
Norheim 52.
Nothweiler 82.
Oberhausen 89.
Obermoschel 48.
Offenbach a. Gl. 53.
Oggersheim 22.
Oppenheim 26.
Orensberg, der 86.
Otterberg 38.
Peterskopf 69.
Pfeddersheim 63.
Pfiffligheim 63.
Philippshalle 66.

Potzberg 39.
Queich-Hambach 74.
Queichthal, das 74.
Ramberg 86.
Rammelsbach 39.
Ramsen 61. 68. 71.
Ramstein 39.
Randeck 48.
Rehberg, der 75.
Reden 41.
Rehweiler 39.
Remigiusberg 39.
Rheingönheim 16.
Rheingrafenstein 51.
Rheinstein, 59.
Rhodt 87.
Rietburg, die 87.
Rinnthal 78.
Rocbuskapelle 59.
Rockenhausen 44. 45.
Rödelstein 84.
Rohrbach 88,
Rosengarten 25.
Rosenthal 61. 71.
Rothenfels, der 51.
Rothenkirchen 62.
Rüdesheim 59.
Rumbach 83.
Ruppertsberg (Pfalz) 64.
Ruppertsberg (b. Bingen) 57.
Ruppertsecken 45.
Saarbrücken 41.
Salinenthal 53.
Sarnstall 78.
Sausenheim 70.
Schaidt 88.
Schänzel, das 86, 87.
Scharfenberg 76.
Scharfeneck 86.
Scharlachberg, der 56, 59.
Schifferstadt 16.
Schlettenbach 81.

Schönau 83.
Schönfeld 68.
Schwarzenacker 40.
Schweisweiler 44. 48.
Schwetzingen 10.
Seebach 68.
Sembach 44.
Siebeldingen 74.
Spangenberg 35.
Speyer 16.
Speyerbachthal, das 34.
Spichern 42.
Sprendlingen 62.
Staudernheim 52.
Stauf 61. 71.
Steigerkopf 86.
Stein, Burg b. Alzey 62.
Steinbach 60.
Steinwenden 39.
Stolzenberg 48.
Styringen 43.
Sulzbach 41.
Teufelsberg, der 86.
Teufelsstein, der 68.
Theisbergstegen 39.
Theodorshalle 53.
Treuenfels 49.
Trifels 76
Trutzbingen 56.
Vogesen, die 71.
Völkersweiler 84.
Vorderweidenthal 83. 84.
Wachenheim 63. 65.
Wachenheim i. Zellerthal 63.
Waldböckelheim 52.
Waldrohrbach 84.
Wasenstein 83.
Wasgau, der 74. 84.
Wattenheim 71.
Wegelnburg 82.
Weidenthal 36.
Weilach 68.

Weisenheim 70.
Weissenburg 83. 88.
Westheim 21.
Weyher 87.
Wildenstein 46.
Wilgartswiesen 78.
Winden 88.
Winnweiler 44. 47.
Winterberg b. Saarbr. 43.
Winterberg, der 78.

Wolfsburg 32.
Worms 22. 63.
Wörth 89.
Würzbach 40.
Zahlbach 31.
Zeiskam 21.
Zell 63.
Zellerthal, das 63.
Zweibrücken 40.

Druck von R. Voigtländer in Kreuznach.